Carin Diodà
Tina Gomez

Warum konnten wir dich nicht halten?

Carin Diodà
Tina Gomez

Warum konnten wir dich nicht halten?

Wenn ein Mensch, den man liebt,
Suizid begangen hat

Kreuz

Inhaltsverzeichnis

Anhang

Vorwort

Jedes Jahr nehmen sich in Deutschland, Österreich und der Schweiz 14 000 Menschen das Leben. Je nachdem, aus welcher Nähe der Suizid erlebt wird, ist er unfassbar, schockierend, beunruhigend oder einfach tragisch und Aufsehen erregend. Suizid ist ein plötzlicher, gewaltsamer Tod und mit einem großen Tabu behaftet. Tabus faszinieren Wissenschaftler und Laien, wie die zahlreichen Publikationen über Selbsttötung zeigen. Soziologen verfassen Studien, interpretieren Suizid-Statistiken und diskutieren über gesellschaftliche Zusammenhänge, während Juristen akribisch die Rechtslage von Selbsttötungen erörtern. Ärzte und Psychologen bemühen sich seit Jahrzehnten, die Beweggründe Lebensmüder zu verstehen und Suizide durch medikamentöse Behandlung und Therapien abzuwenden. Dennoch ist das Wissen über den Suizid nach wie vor gering. Ist von Suizid die Rede, geht es gewöhnlich um Prävention und um die Frage, wie der Wunsch zu sterben geheilt werden kann. Hat sich aber ein Mensch das Leben genommen, wird die Diskussion abrupt beendet, und ein wichtiger Aspekt wird vergessen: Bei jedem Suizid gibt es zwei Parteien, die leiden – der Mensch, der sich das Leben nimmt und seine Angehörigen und Freunde, die er nach der Tat zurücklässt. Die Hauptlast tragen dabei die Hinterbliebenen. Tötet sich ein Mensch, weil es für ihn der einzige Ausweg aus einer verzweifelten Situation war, hat er unsägliches Leid hinter sich, das nur noch übertroffen wird vom Schmerz, den er seinen Nächsten zufügt. Den Suizid eines geliebten Menschen zu bewältigen zählt zu den härtesten Prüfungen, die das Leben stellt.

Noch gibt es im deutschsprachigen Raum kaum Literatur, die sich an Trauernde richtet, die einen nahe stehenden Menschen auf diese Weise verloren haben. Das vorliegende Buch richtet sich an die »Überlebenden« eines Suizids. Es möchte begleiten, unterstützen und Trauernden zeigen, dass es Hoffnung gibt, vielleicht sogar Trost – und dass sie mit ihrem Schicksal nicht alleine dastehen. Weil Suizid nicht nur eine private Katastrophe, sondern ein gesellschaftliches Tabu ist, ist es für die Angehörigen besonders schwierig, den Verlust zu bewältigen. Viele Trauernde fühlen sich unverstanden und alleine gelassen, weil Außenstehende kaum verstehen können, was sie fühlen. Unerträglich ist der Gedanke, dass ihre Liebe und Zuwendung nicht stark genug waren, den Verstorbenen von seiner Tat abzuhalten; sie werden gequält von der Vorstellung, versagt zu haben. Deshalb sind die Hauptpersonen dieses Buches Menschen, die einen Suizid aus nächster Nähe miterlebten. Ohne ihren Mut, das Schweigen zu brechen und offen über ihre Erfahrungen zu berichten, hätten wir das Buch nicht schreiben können. Hier kommen Ehepartner, Eltern, Kinder, Geschwister und Freunde zu Wort, die verstehen, was es konkret bedeutet, einen Suizid seelisch zu verarbeiten. Sie haben uns ihre persönliche, sorgfältig gehütete Geschichte anvertraut, weil sie anderen Betroffenen Mut machen und zeigen wollen, dass das Leben nach diesem traumatischen Erlebnis noch immer lebenswert ist. Namen und persönliche Angaben unserer Gesprächspartner und -partnerinnen haben wir geändert, um ihre Privatsphäre zu schützen. Ihre Persönlichkeit und Identität kommt in ihren Aussagen zum Ausdruck, die wir so authentisch wie möglich anhand von Tonbandprotokollen niedergeschrieben haben.

Weiter kommen Fachleute zu Wort, die sich wissenschaftlich mit der Thematik befassen oder durch ihren Beruf mit Suizid konfrontiert sind und dabei Kontakt zu Hinterbliebenen haben. Sie liefern wertvolle Ergänzungen aus medizinischer, psychologischer, soziologischer und theologischer Sicht, indem sie Vorurteile und Missverständnisse über den Suizid richtig stellen. Ihnen allen gilt unser Dank für ihr Engagement und ihre Unterstützung.

Wenn ein Mensch sich das Leben nimmt, wird immer von Selbstmord gesprochen. Dieser Begriff ist moralisch wertend und suggeriert ein Verbrechen, wo keines ist. Ebenso vermeiden wir den Ausdruck Freitod, weil sich niemand aus freier Wahl tötet, sondern der Tod die letzte Konsequenz in einer ausweglos erscheinenden Lebenslage ist. Stattdessen verwenden wir die neutralen Begriffe Selbsttötung und Suizid.

Wir hoffen, dass dieses Buch hilft, die Isolation zu durchbrechen, welche die Trauer nach einem Suizid umgibt. Angehörige und Freunde eines Menschen, der sich das Leben genommen hat, trauern einsam, weil Außenstehende oft überfordert sind und nicht wissen, wie sie sich verhalten sollen. Wenn die Trauernden es wagen, von ihrem Leidensweg zu erzählen und in die Öffentlichkeit zu treten, wird es künftig nicht mehr so einfach sein, ihr Schicksal zu ignorieren.

Carin Diodà, Tina Gomez,
Zürich, Oktober 2005, 3. Auflage

Prolog

Es geschah an einem windigen Sonntagmorgen im November. Ich stand in der Küche und bereitete das Mittagessen vor, während Robert in seinem Arbeitszimmer die Hausaufgaben seiner Schüler korrigierte. Kurz vor zwölf Uhr kam er in die Küche, um sich eine Tasse Kaffee zu machen. Er war ziemlich gereizt, denn er wäre lieber in den Bergen gewesen, wie an den meisten Wochenenden, doch das Wetter war zu schlecht. Diese Sonntage waren immer problematisch. Robert war meist schlecht gelaunt, wenn er zu Hause sitzen musste, und dies war ein besonders grauer Sonntag. Ich hatte zwei Freundinnen zum Mittagessen eingeladen, was ihm gar nicht passte. Er nörgelte, bis mir der Kragen platzte. Ein Wort gab das andere und wir begannen uns zu streiten. Wütend schleuderte er die Tasse auf die Anrichte, lief die Treppe hoch und rief: »Jetzt erschieße ich mich!« Diese Drohung hatte ich schon zu oft gehört, um sie noch ernst zu nehmen. Robert war ein sehr jähzorniger Mensch. Wenn wir stritten und ich es wagte, ihm zu widersprechen, befahl er in barschem Ton: »Schweig!«, und ich hatte nichts mehr zu melden. Ich dachte mir, wenn er sich beruhigt hat, wird er wiederkommen. Aber er kam nicht. Ich hantierte mit den Töpfen auf dem Herd, holte Teller und Gläser aus dem Schrank, was Lärm verursachte, und war mit meinen Gedanken beschäftigt. Ich achtete überhaupt nicht auf andere Geräusche. Dann ging ich ins Esszimmer, deckte den Tisch und schaltete den Plattenwärmer ein. Das Mittagessen war bereit.

Nach einiger Zeit wurde ich stutzig. Es war so ruhig im Haus. Also ging ich in den oberen Stock, um nachzusehen, und fand Robert auf dem Boden seines Arbeitszimmers liegend, blutüberströmt. Ich konnte nicht fassen, was ich sah, und verstand im ersten Moment überhaupt nicht, was geschehen war. Ich kniete neben ihm nieder und stammelte: »Robert, was soll ich nur tun?«

Er röchelte: »Spital«, und ich wusste, er lebt noch. Wie in Trance stolperte ich die Treppe hinunter zum Telefon und wählte die Notfallnummer. Ich erinnere mich nicht mehr genau, was ich sagte, sinngemäß wohl: »Mein Mann hat sich erschossen!« Die Stimme am anderen Ende fragte, wo es geschehen sei. Wir wohnten damals in einem abgelegenen Dorf, und ich erklärte den Weg. Nun eilte ich die Treppen hoch, um nach Robert zu schauen. Ich hörte ihn röcheln, aber er war inzwischen bewusstlos. In Fernsehkrimis hatte ich schon oft Opfer mit Schusswunden gesehen, aber niemals gab es so viel Blut wie jetzt in Roberts Arbeitszimmer. Der Spannteppich war nicht sehr saugfähig und das Blut bildete Wolken und schwamm auf dem Teppich wie flüssige Lava. Ich hätte nie gedacht, dass so viel Blut in einem Menschen ist. Den Revolver, mit dem er sich ins Herz geschossen hatte, bewahrte er in der Schreibtischschublade auf. Robert hatte, solange ich ihn kannte, Waffen besessen. Sie waren aber kein Thema gewesen, außer als er vor Jahren eine unserer Katzen, die stark verwurmt war, erschoss, um sie von ihrem Leiden zu erlösen.

Plötzlich läutete die Türglocke. Wieder eilte ich die Treppen hinunter und öffnete tränenüberstömt. Meine Freundinnen waren zum Mittagessen gekommen. Ingrid fragte mich fassungslos: »Ist es wegen Robert?« »Ja«, schluchzte ich, »etwas Furchtbares ist geschehen, geh um Himmels Willen nicht in den oberen Stock.« Stumm und betäubt saßen wir im Wohnzimmer, während Robert oben im Arbeitszimmer lag. Ich wagte es nicht nochmals hinaufzugehen und ihn zu berühren oder zu bewegen. Es war so unheimlich, und ich wusste nicht, was ich noch hätte tun können. Schließlich hörte ich, wie sich ein Helikopter dem Haus näherte. Wir wohnten in einer Einfamilienhaussiedlung, und die Nachbarn strömten herbei, um zu schauen, was geschehen war. Irgendjemand kam zu mir und sagte, ich solle das Auto umparken, damit der Helikopter auf dem Parkplatz landen könne. Vor dem Haus hatte sich inzwischen eine Menschentraube versammelt. Es windete stark, Laub wirbelte durch die Luft, die Stimmung war dramatisch. Als ich ins Auto steigen wollte, eilte der Dorfpolizist herbei und rief, ich solle ja nicht davonfahren. Er dachte wohl, ich stünde unter Schock. Die Notärzte gingen in den oberen Stock, während ich mich wieder zu meinen Freundinnen setzte. Ich habe keine Ahnung, wie viel Zeit verstrichen war, aber schließlich kamen die beiden jungen Ärzte in die Diele, um mit dem Krankenhaus zu telefonieren. Sie berichteten, was sie an Wiederbelebungsversuchen unternommen hatten, und fragten, ob noch etwas zu tun sei. Dann hängten sie den Hörer auf und kamen ins Wohnzimmer, um mir zu kondolieren. Zwei Männer in Zivil betraten das Haus. Im ersten Moment hatte ich keine Ahnung, wer sie waren und was sie wollten. Dann sah ich, dass sie einen Sarg dabei hatten.

Teil 1: Der Suizid

1. Das kann nicht wahr sein

Neun Jahre sind es her, seit sich Susannes Ehemann Robert das Leben nahm und sie nach 23 Jahren Ehe als Witwe zurückließ. Robert ist einer von den 14 000 Menschen in Deutschland, Österreich und der Schweiz, die jährlich Suizid begehen. Zwei Drittel davon sind Männer. Sie hinterlassen Partnerinnen, Kinder, Eltern, Geschwister und Freunde. Das bedeutet, jedes Jahr müssen 60 000 Angehörige die schwerste Trauer bewältigen, die es überhaupt gibt. Die Selbsttötung eines Familienangehörigen oder Freundes ist ein psychischer Schock, ein traumatisches Ereignis, das jenseits aller Erfahrung steht und sich nicht einordnen lässt. Ein Suizid ist deshalb unvorstellbar – bis er geschieht.

Der Tod eines geliebten Menschen bedeutet immer unermessliches Leid und hinterlässt eine große Lücke. Angehörige eines Menschen, der sich das Leben genommen hat, müssen zusätzlich zu diesem Verlust die Tatsache bewältigen, dass der Verstorbene seinen Tod selbst herbeiführte. Amerikanische Psychiater haben festgestellt, dass diese Angehörigen ein Ausmaß an Stress erleben wie sonst nur Kriegsopfer und Überlebende eines Konzentrationslagers. Angesichts dieser Belastung sollte es selbstverständlich sein, dass den Hinterbliebenen ein Netz von Hilfsangeboten zur Verfügung steht, ebenso Organisationen, die ihre Anliegen in der Öffentlichkeit vertreten.

Tatsache ist, dass Betroffene diese Hilfe meist nur im privaten Kreis finden, wenn überhaupt. Angehörige von Menschen, die sich das Leben genommen haben, sind in der Öffentlichkeit kein Thema. In der Schweiz und in Deutschland gibt es noch immer zu wenige Beratungsstellen, an die sich Angehörige wenden können, während in Österreich bis heute überhaupt nur wenige Angebote vorhanden sind. Es kann deshalb ein großer Trost sein, wenn Trauernde in ihrer Not andere Betroffene finden, mit denen sie sich austauschen können.

Die Hiobsbotschaft Suizid versetzt die Angehörigen in eine andere Welt. Alles, was real ist, scheint von einem Moment auf den anderen unwirklich. Der Boden wird ihnen unter den Füßen weggerissen, und ein Abgrund öffnet sich. Selbst wenn der Tat eine Krankheitsgeschichte vorausging oder der Verstorbene bereits früher versucht hatte, sich das Leben zu nehmen, kann sich niemand auf den Schock dieses plötzlichen, zerstörerischen Todes vorbereiten. Unter Schock stehende Menschen reagieren sehr unterschiedlich: Während die einen schreien, schluchzen und völlig außer sich geraten, verhalten sich andere völlig ruhig und scheinbar teilnahmslos oder sind wie versteinert.

Lange nachdem die Beamten Roberts Leiche abtransportiert hatten, saß Susanne noch immer auf dem Sofa im Wohnzimmer, starr und unfähig, einen klaren Gedanken zu fassen. Ihre Freundinnen holten sie schließlich in die Realität zurück, indem sie ihr sagten, nun müsse sie aber ihren Sohn verständigen. »Das war der schlimmste Moment, als ich ihm sagen musste, dein Vater hat sich umgebracht«, erinnert sich die Witwe. Der Sohn kam zusammen mit seiner Frau, und zu dritt fuhren sie zu Susannes Schwiegervater. Der alte Mann öffnete ahnungslos die Tür und strahlte über das ganze Gesicht, weil er sich über den unverhofften Besuch freute. »Wir führten ihn erst zu einem Stuhl und erzählten ihm dann so behutsam wie möglich, dass Robert nicht mehr lebt. Er sagte kein Wort und begann zu weinen.« Susanne wusste, dass er sich als junger Mann auch das Leben hatte nehmen wollen, überlebt und anschließend einige Monate in einer psychiatrischen Klinik verbracht hatte.

Mit Schrecken erinnert sich Susanne an die Reaktion ihrer Mutter, die sie etwas später verständigte: »Als Erstes fragte sie mich: ›Hattet ihr wieder gestritten?‹ Sie wusste, dass Robert und ich uns oft in die Haare gerieten, und stets lautete ihr Kommentar: ›Du musst halt schweigen.‹« Sie war schockiert und konnte nicht verstehen, dass ihre eigene Mutter zu einer so taktlosen Bemerkung fähig war. Die Worte weckten bei Susanne große Schuldgefühle, denn sie hatte tatsächlich mit Robert gestritten, wenige Minuten, bevor er sich das Leben nahm. Der Arzt, der in Susannes Haus gekommen war, um den Totenschein auszustellen, hatte mit ihr über Schuldgefühle gesprochen. Er erklärte ihr in beruhigendem Ton, sie werde sich wahrscheinlich schwere Vorwürfe machen, das sei normal, die meisten Angehörigen täten das nach einem Suizid. Doch er versicherte ihr, dass sie unberechtigt seien. Als sie wütend und traurig vor ihrer Mutter stand, kam ihr das Gespräch wieder in den Sinn: »Er konnte mir die Schuldgefühle zwar nicht nehmen, aber da ein älterer, erfahrener Arzt mit mir darüber gesprochen hatte, beruhigte ich mich ein wenig.«

2. Selbsttötung ist kein Verbrechen

Fast jeder Angehörige kämpft zu Beginn der Trauer mit Schuldgefühlen. Der juristische Sachverhalt einer Selbsttötung kann diese Gefühle noch verstärken, wenn Hinterbliebene den Eindruck erhalten, sie seien verdächtig. Sie werden mit einer polizeilichen Untersuchung konfrontiert, und oft sind es Polizeibeamte, welche den Angehörigen die Todesnachricht überbringen.

Suizid ist ein Tod durch Gewaltanwendung, juristisch gesprochen ein außergewöhnlicher Todesfall (AGT). Deshalb muss die Polizei als Erstes abklären, ob ein Verschulden durch Drittpersonen ausgeschlossen werden kann. Der Verdacht auf Fremdeinwirkung besteht bis zum Beweis des Gegenteils. Die Polizeibeamten sind verpflichtet, den Tatort nach Spuren zu untersuchen, die Angehörigen und Zeugen zu befragen und ein Protokoll zu erstellen. Die Beamten wissen nicht genau, was sie am Tatort erwartet, und stehen Angehörigen unter Schock gegenüber. Nicht nur Angehörige sind angesichts der Tragödie überfordert, sondern auch manch ein Beamter, der einen Suizid untersuchen muss. Unter diesen Umständen kann es zu Auseinandersetzungen kommen. Die Angehörigen fühlen sich grob behandelt, unverstanden und werden durch die Vernehmung mit der Frage einer möglichen Schuld oder Mitschuld konfrontiert.

Für Katrin, eine 48-jährige Grafikerin, war die Konfrontation mit der Polizei demütigend. Nachdem sie ihren Mann erhängt aufgefunden hatte, alarmierte sie die Ambulanz und die Polizei. Während die Polizei nach wenigen Minuten eintraf, dauerte es vierzig Minuten, bis der Ambulanzwagen endlich vorfuhr. Katrin hatte gehofft, dass ihr Mann noch zu retten sei und konnte nicht verstehen, weshalb die Ambulanz nicht schneller kam. Als sie endlich eingetroffen war, luden die Sanitäter den leblosen Körper auf die Bahre. Als die geschockte Frau ihnen folgen wollte, wurde sie grob zurückgehalten. Bereits vor dem Eintreffen der Ambulanz hatten die Beamten damit begonnen, ihr in barschem Ton respektlose Fragen zu stellen, unter anderem zu ihrem Lebenswandel: »Ich hatte den Eindruck, sie wollten mich der Tat überführen, und ich versuchte verzweifelt, mich zu verteidigen. Die Situation war absurd.« Sie forderten die Witwe auf, die Atelierschlüssel ihres Mannes auszuhändigen, weil sie dort nach Beweismaterial suchen wollten. Die Stimmung wurde immer gereizter, weil sich Katrin von den Beamten provoziert fühlte. Schließlich verlor sie die Beherrschung und rief: »Ich sage kein Wort mehr, wenn Sie nicht sofort den Ton ändern!« Nach diesem Ausbruch lenkten die Beamten endlich ein.

Bei einem so belastenden Unglück wie Suizid besteht die Gefahr, dass sowohl Beamte wie Angehörige überreagieren. Die Abklärung eines Suizids folgt einem genau festgelegten Prozedere, das in der Schweiz beispielsweise so aussieht: Der Beamte, der als erster am Unglücksort eintrifft, muss den Tatbestand aufnehmen und zusätzlich Beamte der Spurensicherung und einen höher gestellten Beamten aufbieten, der die Untersuchung leiten muss, wenn er selbst nicht dazu befugt ist. Außerdem wird ein Bezirksanwalt verständigt, der die Untersuchungsrapporte später an die Bezirksanwaltschaft weiterleitet. Erst der Bezirksanwalt entscheidet, ob die Leiche freigegeben wird. Dies ist der Fall, wenn Fremdeinwirkung mit großer Sicherheit ausgeschlossen werden kann. Ist der Sachverhalt unklar, wird die Leiche an das Gerichtsmedizinische Institut überführt, wo sie geöffnet und untersucht wird, um die genaue Todesursache festzustellen. Der Suizid einer jungen Frau, die zuvor wegen Depressionen in ärztlicher Behandlung war und die ihre persönlichen Gegenstände gebündelt auf den Boden legte, ehe sie eine Balustrade hochkletterte und sich in die Tiefe stürzte, war eindeutig. Angesichts des Aufwandes, den die Verstorbene betrieben hatte, konnte mit Sicherheit angenommen werden, dass eine Selbsttötung vorlag. Vielfach aber ist die Selbsttötung nicht so offensichtlich. Ereignet sich ein Suizid etwa in einem Raum mit unverschlossenen Türen, müssen die

Angehörigen und mögliche Zeugen vernommen und Spuren gesichert werden, damit die Einwirkung von Drittpersonen ausgeschlossen werden kann.

Die Konfrontation mit den Hinterbliebenen nach einem Suizid zählt zu den heikelsten Aufgaben der Polizei. Die Beamten stehen Menschen in größter Not gegenüber, die angesichts der persönlichen Tragödie kein Verständnis für ihre Arbeit aufbringen. Ein erfahrener Kripobeamter, der mehr als 30 Suizide untersuchen musste, erzählt, wie schwer es ihm fällt, die Angehörigen angesichts des immensen Leids mit seinen Fragen behelligen zu müssen. Die Beamten lernen zwar, professionell aufzutreten, nicht aber, ihre Gefühle abzustellen. Der Kripobeamte vermutet, dass manch einer seiner Berufskollegen die Gefühle hinter einem dicken Panzer verbirgt und es ihnen deshalb nicht immer gelingt, den richtigen Ton zu finden.

Susannes Begegnung mit der Polizei war sehr unangenehm, weil sie auf einen Beamten traf, dem es an Einfühlungsvermögen mangelte. Wenige Stunden nach dem Suizid wurde sie erstmals vom Dorfpolizisten vernommen: »Ich war der Situation überhaupt nicht gewachsen und erzählte wild durcheinander, was mir gerade in den Sinn kam.« Einige Tage später bestellte er Susanne auf die lokale Polizeiwache. Bei der ersten Einvernahme hatte sie erklärt, den Schuss im oberen Stockwerk nicht gehört zu haben. Der Beamte kam als Erstes auf diese Aussage zurück und erklärte der verstörten Witwe, so wie sie den Tathergang geschildert habe, glaube er ihr kein Wort. Falls sie ihren Mann nicht selbst umgebracht habe, habe sie ihm zumindest dabei geholfen. Sie solle nun endlich mit der Wahrheit herausrücken. Susanne fühlte sich schwach und elend, es fehlte ihr die Kraft, den Beamten in die Schranken zu weisen: »Ich war angesichts Roberts Tod am Boden zerstört, und nun beschuldigte mich dieser Beamte auch noch aufs Gröbste. Ich war tief verletzt.« Susanne erinnert sich, dass während der Befragung immer wieder das Telefon klingelte: »Er unterbrach mehrmals das Gespräch, um das Telefon abzunehmen. Ich fühlte mich nicht ernst genommen und respektlos behandelt. Schließlich ging es um den Suizid meines Mannes und nicht um eine Bagatelle.«

Nicht nur Beamte sind nach einer Selbsttötung überfordert, auch Freunde und Nachbarn reagieren mit Unverständnis, hinter dem sich Hilflosigkeit und Abwehr verbergen. Ein Suizid ist bedrohlich, weil durch die Tat das Leben für nichtig und wertlos erklärt wird. Nicht nur die christliche Religion, auch die deutsche Sprache stempelt den Suizid zum Verbrechen, wie der Ausdruck Selbstmord deutlich macht. Ein Verbrechen aber muss entsprechend unserem Rechtsempfinden gesühnt werden. In diesem Fall aber kann der Schuldige selbst nicht mehr belangt werden. Die Öffentlichkeit sucht nach »Ersatzschuldigen« und findet sie meist in Menschen, die dem Verstorbenen nahe standen, weil eine so ungeheuerliche Tat wie Suizid niemals geschehen kann, ohne dass jemand dafür verantwortlich ist. Ansonsten wäre das Dogma, dass das Leben das höchste Gut darstellt, aufgehoben. Diese Gedankenkette läuft nicht nur bei Außenstehenden, sondern auch in den Köpfen vieler Hinterbliebener ab, und sie fühlen sich schuldig. Sachlich betrachtet liegt die Verantwortung aber allein bei dem Menschen, der entschied, sein Leben zu beenden. Sigmund Freud beobachtete, nachdem sich ein Freund erhängt hatte, auf welch grausame Weise Außenstehende den Suizid zu erklären versuchten: »Auf der Suche nach einer Antwort ist die Welt bereit, der unglücklichen Witwe die bösartigsten Anschuldigungen entgegen zu schleudern.«

Weil die Reaktionen sehr unterschiedlich ausfallen können, ist es für die Hinterbliebenen ein schwerer Schritt, anderen mitzuteilen, was ihnen widerfahren ist. Häufig erschrecken Außenstehende, wenn sie von einem Suizid erfahren, und stehen den Betroffenen hilflos gegenüber. Hilflosigkeit kann sehr taktlos und verletzend sein. Auch Mitleid ist für viele Trauernde nur schwer zu ertragen, weil sie sich dann noch elender fühlen. Trauernde können sich schützen, indem sie neugierige Nachbarn oder Bekannte in die Schranken weisen oder deutlich sagen, wenn sie mit einem Außenstehenden nicht über den Suizid sprechen möchten. Manchmal aber treffen die Hinterbliebenen auf Menschen, die selbst einen schweren Schicksalsschlag erlitten haben und deshalb sehr einfühlsam reagieren. Es kann ein Bekannter sein, von dem der Trauernde gar keine Unterstützung erwartete, der aber auf ihn zugeht und ihn ohne Worte einfach in die Arme schließt. Solche Reaktionen sind hilfreich, wenn der Trauernde sie zulassen kann und spürt, dass es sich um echte Anteilnahme handelt. Leider werden Angehörige manchmal mit Außenstehenden konfrontiert, denen jedes Taktgefühl fehlt oder die gar versuchen, vom Suizid zu profitieren. Katrin, deren Mann bis zum Suizid ein Grafikeratelier besaß, musste erleben, wie sich Arbeitskollegen zwei Tage nach seinem Tod bei ihr erkundigten, wann sie das Atelier auflöse und die Einrichtung verkaufe. »Diese makabre Situation erinnerte mich an eine Szene im Film ›Alexis Sorbas‹, wo die Klageweiber das Hab und Gut des Toten wegtragen, während die Leiche noch warm ist.«

3. Die Beerdigung: der öffentliche Abschied

Die ersten Tage nach dem Suizid sind betriebsam. Die Beerdigung muss organisiert und persönliche Angelegenheiten des Verstorbenen müssen geregelt werden. Schon der erste Schritt in die Öffentlichkeit und das Aufsetzen der Todesanzeige hat Konsequenzen. Sollen und dürfen Außenstehende, die den Verstorbenen nur namentlich kannten, erfahren, unter welchen Umständen er starb? Bei dieser Entscheidung müssen sich die Angehörigen bewusst sein, dass es neugierige und taktlose Menschen gibt, für die der Suizid lediglich ein Aufsehen erregendes Ereignis ist. Sich selbst zu schützen ist wichtig, doch gibt es Angehörige, die aus Respekt dem Verstorbenen gegenüber die Todesursache nicht verheimlichen wollen und klar formulieren, dass sich der geliebte Mensch das Leben genommen hat.

Häufig kreisen die Gedanken von Hinterbliebenen um die moralischen Aspekte der Selbsttötung. Caroline, eine 58-jährige Geschäftsfrau, deren Mann vor sieben Monaten Suizid beging, weigert sich, die Verzweiflungstat als Schande zu betrachten: »Ein Suizid ist sehr, sehr traurig, aber ich muss mich nicht schämen, dass er geschehen ist.« In der Nachbarschaft hatte sich rasch herumgesprochen, dass ihr Mann sich das Leben genommen hat. Selbst wenn sie versucht hätte, den Suizid zu vertuschen, wäre es ihr kaum gelungen. Für die Witwe wäre es außerdem sehr belastend, wenn sie nicht offen über den Suizid sprechen könnte: »Es wäre vor allem Erwin gegenüber nicht fair. Er war ein sehr wertvoller Mensch, und es ist nur richtig, dass sich die Leute auch nach seinem Tod an ihn erinnern und über ihn sprechen.« Sich anderen Menschen mitzuteilen hilft Caroline, den schweren Verlust zu verarbeiten. Über die Tragödie zu sprechen, eröffnet Trauernden die Chance, Unterstützung und Anteilnahme zu erfahren. Aus Scham oder Angst zu schweigen, belastet die Trauernden zusätzlich und erschwert die Verarbeitung des traumatischen Erlebnisses. Für die meisten, aber nicht für alle Menschen bedeutet es eine Erleichterung, sich anderen Menschen anzuvertrauen. Aber es gibt auch Trauernde, die es als belastend empfinden, über den Suizid zu sprechen, und es vorziehen, schweigsam zu trauern. Entscheidend ist, dass der oder die Trauernde die eigenen Bedürfnisse wahrnimmt und versucht, sich der eigenen Persönlichkeit entsprechend zu verhalten.

Ob Schande oder Heldentod: Zu jeder Zeit und in jeder Kultur starben und sterben Menschen durch die eigene Hand. Suizid ist in praktisch allen Kulturen tabuisiert, doch die Gründe dafür sind unterschiedlich und änderten sich über die Jahrhunderte, entsprechend dem jeweiligen kulturellen, politischen und religiösen Umfeld. Heute gibt es in Mitteleuropa nur noch wenige Geistliche, welche die christliche Beerdigung nach einer Selbsttötung verweigern oder die Tat öffentlich verurteilen. Gemäß der katholischen Lehre ist Suizid allerdings eine Todsünde. Diese Verurteilung lässt sich jedoch nicht aus der Bibel ableiten. In der Heiligen Schrift werden fünfzehn Selbsttötungen erwähnt, es wird aber darüber nicht gerichtet. Erst im frühen Mittelalter verdammte die Kirche Selbsttötungen und verweigerte »Selbstmördern« die christliche Bestattung.

Obwohl seit Anfang des 19. Jahrhunderts Philosophen, Mediziner und Soziologen weltliche Aspekte in die religiöse Diskussion einbrachten und die kirchliche Moral relativierten, bestimmt sie unser Verhalten bis heute stärker, als wir gemeinhin annehmen. Selbst Menschen, die nicht gläubig sind, sind hintergründig von dieser Moral beeinflusst. Himmel und Hölle, Buße und Vergeltung sind moralische Werte, die auch außerhalb der Kirche wirken. Suizid-Angehörige befinden sich in einem seelischen Ausnahmezustand, leiden an Schuldgefühlen und Ängsten, die nur schwer zu ertragen sind. Fragen nach dem Sinn des Lebens und danach, was nach dem Tod geschieht, erhalten eine immense Bedeutung, und für die Antworten auf diese Fragen wird die Religion herbeigezogen. Weil wir unsere eigene Sterblichkeit so stark verdrängen, ist der Tod unheimlich, und ein gewaltsamer Tod wie Suizid löst irrationale Ängste aus.

Wie das Aufsetzen und Formulieren der Todesanzeige ist der Rahmen, in dem die Beerdigung stattfinden soll, eine persönliche Entscheidung der Angehörigen. Gleichzeitig aber ist die Beerdigung auch eine Konfrontation mit der Öffentlichkeit, und die Angehörigen müssen entscheiden, ob sie die Todesursache bei dieser Gelegenheit preisgeben wollen. Es gibt Familien und Freunde, die sehr positive Zeichen der Anteilnahme erhalten, wenn sie offen über den Suizid sprechen. An der Beerdigung eines jungen Mannes, der sich in einem Wald mit Benzin übergossen und angezündet hatte, verfasste sein Bruder eine Abdankungsrede, in der er es wagte, offen über seine innersten Gefühle zu sprechen. Die Familie wollte nicht verheimlichen, auf welche Weise der junge Mann aus dem Leben geschieden war. Die meisten Anwesenden waren sehr berührt, einige aber waren mit dieser Offenheit überfordert. Sie reagierten empört und schockiert, doch der Familie war es wichtig, in der Öffentlichkeit zu zeigen, wie sehr sie den Verstorbenen liebte und dass sie zu ihm stand.

Auch Caroline, von der schon die Rede war, wollte ihren Mann ehrenvoll verabschieden, und mit Unterstützung von Freunden bereitete sie die Beerdigung sorgfältig vor. Sie suchte den Blumenschmuck aus, bestimmte, wer eine Trauerrede halten sollte, und besprach jedes Detail der Abdankungszeremonie. Obwohl sie die Grenzen ihrer Belastbarkeit erreichte und am Abend jeweils so erschöpft war, dass sie stotterte, war sie überzeugt, ihrem verstorbenen Mann diesen Aufwand schuldig zu sein. Als ihre Schwägerin von einer Beerdigung erzählte, bei der der Pfarrer von der Kanzel den Suizid als Sünde angeprangert hatte, erschrak sie. Sie begegnete jedoch einem sehr verständnisvollen katholischen Geistlichen, der selbst einen Angehörigen auf diese Weise verloren hatte. »Er erklärte mir, er sei überzeugt, dass jeder Mensch das Recht hat, selbst über sein Leben zu entscheiden. Nach diesen Worten war ich sehr erleichtert. Ich konnte mich ihm anvertrauen, und wir führten anschließend ein langes Gespräch über meinen Mann und unsere Ehe.« Alle Trauergäste wussten, auf welche Weise Carolines Mann gestorben war. Sie erkundigten sich bei der Witwe, ob sie anstelle von Blumen und Kränzen lieber Spenden für einen gemeinnützigen Zweck wollte, was sie entschieden verneinte. »Während der Depression glaubte Erwin, nichts im Leben geleistet zu haben. Durch die ehrenvolle Beerdigung und die vielen Sträuße und Kränze wollte ich ihm zeigen, dass das nicht wahr ist.«

Nicht jede Beerdigung nach einem Suizid verläuft andächtig und würdevoll. Gerade bei einem spektakulären Suizid oder wenn sich eine in der Öffentlichkeit bekannte Person das Leben nimmt, wird die Katastrophe der Angehörigen zu einer auflagesteigernden Schlagzeile für die Presse. Es ist äußerst schmerzlich, wenn auf den Titelseiten der Boulevardpresse der Suizid des geliebten Menschen abgehandelt und die private Trauer ins Rampenlicht gezerrt wird. Diese Erfahrung machte Michael bei der Beerdigung seines Bruders. Lars hatte sich 21-jährig nach einem zweistündigen Amoklauf in den Kopf geschossen. Schon zu Beginn der Abdankung war die Atmosphäre in der Kirche sehr gespannt. Die Familie befürchtete, dass politisch radikale Gesinnungsgenossen des Verstorbenen und die Presse die Abdankung stören könnten. Als die ungebetenen Gäste tatsächlich erschienen, kam es zu einer lauten Auseinandersetzung.

Das Leiden nach einem Suizid überfordert viele Trauernde, und deshalb kann es geschehen, dass sich angestaute Gefühle wie Bitterkeit, Wut und Verwirrung entladen, besonders, wenn das Verhältnis zum Verstorbenen belastet war.

Michaels Vater verlor die Beherrschung, und die angespannte Situation eskalierte: »Von Feierlichkeit konnte keine Rede mehr sein. Mein Vater schrie, sie sollten sofort verschwinden, und ich schämte mich entsetzlich. Ich war sehr wütend, dass er sich nicht einmal an Lars Beerdigung zusammenreißen konnte. Heute denke ich, er wusste nicht anders mit dem Schmerz umzugehen und konnte seine Gefühle nur durch Aggressivität zeigen.« Nach der Abdankung lauerten Reporter einer Boulevardzeitung der

Trauerfamilie auf und fotografierten Michael. Der damals 16-Jährige hatte nach dem Zwischenfall in der Kirche nicht mehr die Kraft, sich gegen diese Belästigung zu wehren.

Nicht allen Angehörigen fällt es leicht, mit dem Schicksal Suizid in die Öffentlichkeit zu treten, und es ist sehr verletzend, wenn sie erleben müssen, dass der Suizid gegen ihren Willen publik gemacht wird. Es gibt kirchliche Abdankungen, bei denen die Todesursache mit keinem Wort erwähnt wird. Mancher Hinterbliebene fühlt sich etwas entlastet, wenn er wenigstens am Tag der Beerdigung »nur« mit dem Verlust des geliebten Menschen konfrontiert ist und sich nicht zusätzlich mit den Umständen seines Todes in der Öffentlichkeit auseinander setzen muss. Andererseits gibt es Angehörige, die sich nicht so offen äußern dürfen, wie sie es gerne möchten. Meist sind es jüngere Hinterbliebene, die das Verschweigen der Todesursache als unerträgliche Heuchelei und als Verrat dem Verstorbenen gegenüber empfinden.

Georg, ein 42-jähriger Geologe, erzählt von der Beerdigung seines jüngeren Bruders, der sich mit einer Überdosis Beruhigungsmittel das Leben genommen hatte. Die Brüder wuchsen streng katholisch erzogen in einem Bergdorf auf. Beide wollten als Kinder Theologie studieren, doch nachdem sie das Elternhaus verlassen hatten, verlor die Religion ihre frühere Bedeutung. Nach dem Suizid nahm Georg seinen Eltern zuliebe an der kirchlichen Beisetzung teil, die ihrem Wunsch entsprechend so unauffällig wie möglich gestaltet wurde. Noch heute, zehn Jahre danach, erinnert sich der Bruder voller Wut an die Worte des Priesters: »Ich war nahe daran, aufzustehen und den Priester während der Predigt zu unterbrechen. Er sprach genau die gleichen salbungsvollen Worte, die man an jeder Abdankung zu hören bekommt. Er verlor kein Wort über den Suizid, obwohl alle Anwesenden wussten, dass sich mein Bruder das Leben genommen hatte!«

Es kann vorkommen, dass sich die unterschiedlichen Vorstellungen der Hinterbliebenen, wie der Verstorbene zu verabschieden sei, nicht vereinbaren lassen. Nachdem sich ein 31-jähriger

Mann getötet hatte, weigerten sich seine Freunde und Bekannten, eine stille und möglichst diskrete Abdankung zu zelebrieren, wie es sich die Eltern vorstellten. Schließlich vereinbarten sie einen Kompromiss: Fünf Tage nach seinem Tod wurde der Verstorbene im engsten Familienkreis als Unfallopfer in seinem Heimatdorf beerdigt, während sich seine Freunde an seinem letzten Wohnort mit einer persönlichen Feier verabschiedeten.

Sich mit einer Zeremonie vom Verstorbenen zu verabschieden und ihm die letzte Ehre zu erweisen, vermittelt den Hinterbliebenen ein Gefühl der Gemeinschaft und des Zusammenhalts in einer Zeit größter Belastung und tiefsten Schmerzes. Eine Abschiedsfeier hilft, den Tod als unwiderrufliche Tatsache anzuerkennen und ist ein erster Schritt hin zum Trauerprozess. Die Entscheidung, ob die Totenfeier in einem traditionell religiösen Rahmen stattfindet oder persönlich gestaltet wird, sollte von den Wünschen und Bedürfnissen der Angehörigen geleitet sein, nicht von gesellschaftlichen Normen. Die Ehefrau und erwachsenen Kinder eines Mannes, der mit Unterstützung der Organisation Exit sein Leben beendete, entschieden, auf eine kirchliche Feier zu verzichten. Die Familie traf sich im Krematorium, und während seine sterblichen Überreste verbrannten, zündeten sie eine Kerze an, setzten sich in einen Kreis und hielten eine stille Andacht. Anschließend gingen sie gemeinsam in ein Restaurant. Der Verstorbene hatte Zeit seines Lebens eine Vorliebe für Süßigkeiten, deshalb bestellten die Trauernden Kuchen für alle sowie eine zusätzliche Portion für den toten Ehemann und Vater, die sie gemeinsam verspeisten.

Ein solches Totenmahl hat in zahlreichen Religionen eine besondere Bedeutung: Eine gemeinsame Mahlzeit nach der Beerdigungszeremonie symbolisiert den Hinterbliebenen, dass das Leben weitergeht, sowohl für sie selbst wie für den Verstorbenen im Totenreich.

4. Suizid ist keine Sünde

Wer gläubig ist und auf die Erlösung seiner Seele hofft, darf nicht Hand an sich legen, lautet die Suizidprävention der katholischen Kirche. Das Leben ist ein Geschenk Gottes, und der Mensch hat kein Recht, eigenmächtig darüber zu bestimmen. Der Glaube hilft, dem Leben auch in schweren Zeiten einen Sinn abzugewinnen und dem Tod den Schrecken zu nehmen. Aber nach einem Suizid ist alles anders.

Eine 58-jährige Ärztin und Mutter hadert als gläubige Christin mit Gott und ihrem Schicksal: »Weshalb hast du mir meinen Sohn genommen, warum bist du ein so grausamer Gott?« Ihre drei Kinder sind adoptiert. Sie entschied sich sehr bewusst für jedes ihrer Kinder, auch für Andreas, der sich mit 29 Jahren das Leben nahm: »Adoptivkinder sind vielleicht ein noch größeres Geschenk als leibliche. Ich hatte mir immer gewünscht, Mutter zu werden. Eigene Kinder konnte ich nicht haben, und doch bekam ich ein Mädchen und zwei Jungen geschenkt. Ich war Gott so dankbar.« Es ist ihr unbegreiflich, dass ihr Sohn so jung sterben musste und sie klagt Gott an: »Du vertrautest mir Andreas an, den ich so liebte, nur um ihn mir wieder wegzunehmen?« Ihre Tochter wurde ungeduldig und erwiderte ihr: »Hör endlich auf, nur an dich zu denken. Vielleicht war der Suizid ein Schutz für Andreas und Gott holte ihn, weil er diesem Leben nicht gewachsen war. Für ihn war dieses Leben nicht lebenswert. Dafür kannst du Gott keine Schuld geben. Niemand trägt Schuld, also musst du sie auch nirgends suchen.«

Für die quälenden Schuldgefühle Angehöriger macht die Tochter das Christentum verantwortlich: »Ich finde es unerhört, dass es in Italien bis heute Priester gibt, die sich weigern, Verstorbene wie Andreas auf einem Friedhof zu beerdigen. Selbst wenn die Geistlichen in unserem Land liberaler sind, die moralische Haltung der Kirche spukt immer noch in vielen Köpfen herum.«

Gott ist alleiniger Herrscher über Leben und Tod, besagt die christliche Lehre. Durch die moralische Verurteilung der Selbsttötung, die angedrohten Folgen im Jenseits und die Verweigerung eines christlichen Begräbnisses hoffte die Kirche potenzielle Selbstmörder abzuschrecken. Doch ähnlich wie die weltliche Todesstrafe ist diese religiöse Drohung wenig wirkungsvoll und haftet lediglich als Makel an den Hinterbliebenen. Auch wenn gemäß heutigem Kirchenrecht »keinem Katholiken das Begräbnis verweigert werden darf«, sind es nach wie vor die Angehörigen, welche stigmatisiert werden. »Keiner von uns lebt ja sich selbst, und keiner stirbt sich selbst, denn leben wir, so leben wir dem Herrn; sterben wir, so sterben wir dem Herrn. Denn dazu ist Christus gestorben und lebendig geworden, damit er sowohl über Tote als über Lebendige Herr sei«, heißt es in der Bibel. In der katholischen Lehre wird dieser Vers so interpretiert, dass ein Mensch, der sich das Leben nimmt, in die göttliche Schöpfungsordnung eingreift und sich damit versündigt. Diese religiöse Interpretation belastet Hinterbliebene und ängstigt sie, selbst wenn sie sich von der Kirche abgewendet haben. Was man als Kind im Religionsunterricht lernt, kann man als Erwachsener zwar relativieren, doch bleibt die christliche Moral, die unsere Kultur auch außerhalb der Kirche prägt, im Unterbewusstsein haften.

Die Grafikerin Katrin wurde nach Jans Suizid mit religiösen Fragen konfrontiert, von denen sie glaubte, sie hätten in ihrem Leben keine Bedeutung mehr. Noch vor der Beerdigung wurde sie von einer Nachbarin auf der Straße angesprochen, die sich erkundigte, ob die Seele des Verstorbenen schon Kontakt mit ihr aufgenommen habe. Obwohl sie schon als junge Frau aus der Kirche ausgetreten war und sich als nicht gläubig bezeichnet, erschreckte sie diese Bemerkung zutiefst und weckte Zweifel an ihrer Lebenseinstellung. Plötzlich wurde sie sehr unsicher und wollte nicht mehr glauben, dass mit dem Tod alles vorbei ist. Sie entschied sich, ihren Mann christlich zu beerdigen: »Wenn es nach dem Tod etwas gibt, dann soll Jan es bekommen.« Sie arrangierte die Beerdigung für ihn, aber auch für sich, weil sie große Angst vor den Folgen des Suizids hatte: »Jan hatte etwas getan, wofür ihn die katholische Kirche in die Hölle schickt.« Darüber war sie so verzweifelt, dass sie zu Gott betete, er möge ihm die Hölle ersparen.

Auch im Leben der Geschäftsfrau Caroline spielte Religion keine große Rolle, solange Erwin am Leben war: »Jetzt bin ich mir nicht mehr so sicher, ich denke häufig über Gott nach und was der Tod bedeutet.« Früher, als der Tod ganz weit weg schien, schob Caroline solche Überlegungen zur Seite: »Heute kann ich mir vorstellen und hoffe sogar, dass die Seele eines Verstorbenen weiterlebt.«

Die meisten Religionen lehnen Suizid mit wenigen, sozial begründeten Ausnahmen ab. Während der Talmud und der Koran die Selbsttötung verbieten, finden sich im Alten und im Neuen Testament Hinweise, dass Suizid eine vertretbare Lösung in einem unlösbaren Konflikt sein kann. Die christlich moralische Verurteilung des Suizids stützt sich auf die vermeintlich biblische These, wonach Suizid eine Sünde gegen Gott ist. Harry M. Kruiter, ein holländischer Theologe, der mit seinem Werk »Das falsche Urteil über den Suizid« eine ethische Diskussion eröffnete, untersuchte fünf Suizide in der Bibel. Im Alten Testament nimmt sich Samson das Leben, um der Schmach ausgestochener Augen zu entgehen. Gleichzeitig will er sich für dieses Unglück rächen und möglichst viele Philister mit in den Tod nehmen (Richter 16,23–31). Der ungläubige König Saul tötet sich schwer verwundet nach einer Schlacht, um nicht seinen Feinden in die Hände zu fallen (Samuel 31,3–6). Achitofel erhängte sich, um seine Familie von seinen Verfehlungen zu entlasten (Samuel 17,23) und Zimri, der Königsmörder, zündete den Palast an, um seinen Rächern zu entkommen (Könige 16,18). Die Bibel wertet diese Suizide nicht, und es gibt keinen Vers, der die Selbsttötung als Sünde verurteilt. Im Gegenteil: Mit Ausnahme Zimris wird allen Suizidenten die Ehre einer würdevollen Bestattung zuteil. Auch die Selbsttötung von Judas, dem Verräter, wird mit keinem Wort verurteilt. Sowohl im Matthäusevangelium wie in der

Apostelgeschichte sind vielmehr das Schuldbekenntnis Judas' und seine Reue ein Thema. Spannend ist die Frage, ob sich Jesus das Leben genommen hat, denn im Zentrum der christlichen Religion steht der freiwillige Tod des Sohnes Gottes. Jesus kann nur gestorben sein, weil er seinen Tod selbst wünschte. Harry M. Kruiter zitiert die Passage aus Johannes 13,37, welche als Hinweis auf Suizid ausgelegt werden kann: »Ich will mein Leben für dich lassen.«

Weder das Alte noch das Neue Testament verbieten also den Suizid. Selbsttötung als Sünde war eine zweckgerichtete Interpretation kirchlicher Machthaber. Kruiter widerlegt überzeugend die bis heute verbreitete Meinung, Suizid sei ein Verstoß gegen die christliche Lehre. Der Theologe versteht den Suizid als eine sehr persönliche Entscheidung in einer schwierigen Lebenslage. Ein Blick in die Bibel kann Angehörige entlasten, die nach einem Suizid mit dem Thema der Versündigung konfrontiert werden. So heißt es im Katechismus der katholischen Kirche: »Der Selbstmord widerspricht der natürlichen Neigung des Menschen, sein Leben zu bewahren und zu erhalten. Er ist eine schwere Verfehlung gegen die rechte Eigenliebe. Selbstmord verstößt auch gegen die Nächstenliebe, denn er zerreißt zu Unrecht die Bande der Solidarität mit der Familie, der Nation und der Menschheit, denen wir verpflichtet sind. Der Selbstmord widerspricht zudem der Liebe zum lebendigen Gott.«

Menschen, die Suizid moralisch verurteilen, können sich nicht auf die Bibel berufen. Der Theologe Kruiter widerlegt drei häufig geäußerte, christliche Einwände gegen Selbsttötung und relativiert sie mit überzeugenden Argumenten. 1. Der Mensch ist Gottes Geschöpf und deshalb gehören wir nicht uns selbst, sondern Gott: Diese Aussage beinhaltet einen großen Widerspruch, weil Christen zu allen Zeiten Gründe fanden, das Töten von Menschen zu rechtfertigen. 2. Suizid greift unerlaubt in Gottes Plan ein, der unsere Lebenszeit bestimmt: Doch der Mensch ist nicht dazu verdammt, sein Schicksal passiv hinzunehmen. Weichen Menschen einer drohenden Gefahr aus, wie etwa im bekannten Beispiel des niederstürzenden Baumes, entgehen sie dadurch auch Gottes Zeit. 3. Unser Leben ist ein Geschenk Gottes: Ein Geschenk, das man annehmen muss, ist ein aufgezwungenes, was nicht mehr dem Sinn und der Absicht eines Geschenkes entspricht. Wer von Gott das Leben erhalten hat, muss dieses Geschenk nicht zwingend schätzen und ist demnach auch nicht verpflichtet, es zu behalten.

Ist Suizid nach diesen Überlegungen religiös zu verantworten? Welche Schlüsse man aus Kruiters Argumentation auch zieht, einen Aspekt hat der Theologe überzeugend dargelegt: Die Kirche mit ihrem Machtanspruch und die Heilige Schrift sind zwei verschiedene Instanzen. Ein Vorwurf im Katechismus ist hingegen nicht so leicht von der Hand zu weisen: der Verstoß gegen die Nächstenliebe. Wer sich das Leben nimmt, löscht nicht nur die eigene Zukunft aus, sondern zerstört auch die Perspektive seiner Angehörigen und Freunde. Kein Mensch lebt völlig isoliert und ohne Beziehungen, sondern ist umgeben von Familienangehörigen, Arbeitskollegen und einem Freundeskreis. Partner, Kinder, Eltern und Geschwister haben nicht nur Pflichten, sondern auch Rechte innerhalb der Beziehung. Viele dieser Rechte können im Alltag oft auf schmerzliche Art nicht eingefordert werden: hohe Scheidungsraten sind ein Beispiel dafür. Doch auch nach gescheiterten Beziehungen und erfahrenem Unrecht besteht immer die Hoffnung auf Gerechtigkeit oder eine spätere Regelung. Suizid ist definitiv. Hinterbliebene sind tief enttäuscht und verletzt, empfinden den Suizid als Geringschätzung der Beziehung, weil sie vor vollendete Tatsachen gestellt werden. Wer so verzweifelt ist, dass er keinen anderen Ausweg sieht als sein Leben zu beenden, dem fehlt die Kraft, an andere Menschen, auch an die nächsten, zu denken.

Die religiöse wie auch die weltliche Debatte über den Suizid, über das Recht oder Unrecht eines Menschen, sein Leben zu beenden, sowie die Verpflichtung des Einzelnen gegenüber der Gesellschaft haben eine Geschichte. Die Betroffenheit, die ein Suizid auslöst, zeigt die Vielschichtigkeit und Bedeutungsschwere der Tat. Der Psychiater und Suizidforscher Asmus Finzen vergleicht die Stigmatisierung von Menschen, die sich das Leben nehmen, mit der Stigmatisierung psychisch Kranker: »Wer es wagt, sich außerhalb der Regeln und Normen zu stellen, wird von der Gesellschaft nicht toleriert.« Oft wird bei einem Suizid auch der Vorwurf laut, es sei feige, sich so einfach aus der Verantwortung zu stehlen. Hinter dieser Aussage verbirgt sich Angst, denn die meisten unter uns befanden sich schon in einer verzweifelten Situation, die so ausweglos erschien, dass sie mit dem Gedanken spielten, sich das Leben zu nehmen. Diese Lösung kann eine Gesellschaft nicht tolerieren, weil sie subversiv ist und daher ihren Zusammenhalt bedroht. Diese These vertrat Emile Durkheim, der vor hundert Jahren das erste große Werk zur Soziologie des Suizids verfasste. Suizid ist die radikalste Absage an die Gemeinschaft und gleichzeitig Beweis und Verwirklichung der individuellen Freiheit. Er ist eine unerhörte Provokation für alle Mitglieder, die sich den Normen und Regeln der Gemeinschaft verpflichtet fühlen. Ängste, Spekulationen und Schuldzuweisungen liegen also in einem religiösen wie in einem sozialen Tabu begründet.

Bereits die griechischen Philosophen der Antike diskutierten über Recht und Unrecht der Selbsttötung. Für Platon war das Leben ein Geschenk Gottes und deshalb im Prinzip unantastbar. Suizid war für ihn nur dann akzeptabel, wenn ein Mensch an einer unheilbaren Krankheit litt oder eine nicht wieder gutzumachende gesellschaftliche Demütigung erfahren hatte. Aristoteles wiederum sah im Suizid zwar ein Unrecht an der Gemeinschaft, nicht aber an der eigenen Person. Auch wenn sich die Standpunkte der Philosophen unterschieden, der Gedanke des Mitgefühls wurde stets in die Diskussion mit einbezogen, ebenso die Gemütsverfassung vor dem Suizid, die wir Melancholie, Weltschmerz oder Depression nennen. Bis heute forschen Wissenschaftler nach den Ursachen für diesen Seelenzustand, den der Philosoph Jean Améry, der sich 1978 das Leben nahm, mit »l'échec«, also Schachmatt umschrieb. Antike Mediziner erklärten, Krankheiten entstünden durch ein Ungleichgewicht der vier Lebenssäfte. Die »grundlose« Traurigkeit, die ihren extremsten Ausdruck im Suizid findet, nannten sie Melancholie, was übersetzt »schwarze Galle« bedeutet.

Während in der Antike Melancholie als Krankheit verstanden wurde, belegte das Christentum die Trübsinnigkeit mit einem Bann. Das Konzil von Arles im Jahre 452 verurteilte den Suizid als Selbstmord, einem Verbrechen an der christlichen Religion. Als Folge dieses Verdikts wurde Selbstmördern die Bestattung in geweihter Erde sowie die Totenmesse verweigert, und ihr Vermögen durfte nicht vererbt werden. Im Mittelalter verurteilte die Kirche den Suizid als Todsünde, weil Verzweiflung am Leben nicht nur ein Zweifel an der eigenen Existenz bedeute, sondern auch einen unduldbaren Zweifel am Schöpfungswerk Gottes. Die Traurigkeit des Melancholikers deutete die Kirche als Zeichen der menschlichen Unvollkommenheit und des Unvermögens, auf das bevorstehende Reich Gottes zu warten. Angesichts der miserablen Verhältnisse, in denen viele Menschen im Mittelalter vegetierten, zweifelten nicht wenige an der Güte und Gnade Gottes, ja sogar an seiner Existenz. Solche Zweifel bedrohten aber die Daseinsberechtigung der Kirche, deshalb erließen die Geistlichen ein »Melancholieverbot«. Den sündigen Melancholikern fehlte das rechte Vertrauen in Gott, dass sich die menschliche Tragödie zum Guten wenden würde.

In der Aufklärung erlaubte sich der Mensch, selbst über sein Dasein zu urteilen; nicht die Pflichterfüllung Gott gegenüber, sondern die Pflicht sich selbst und der Gesellschaft gegenüber rückte ins Zentrum seiner Reflexion. Der französische Philosoph Jean-Jacques Rousseau sah wohl die Pflichten des Menschen der Gemeinschaft gegenüber, doch das Leiden des Einzelnen wog für ihn schwerer und rechtfertigte daher einen Suizid. Für Rousseau war Suizid kein widerrechtlicher Eingriff in die Schöpfung. Der deutsche Philosoph Kant sah im Suizid hingegen eine »Verletzung der Pflicht gegen sich selbst«. Schopenhauer wiederum verteidigte den Akt des Suizids in seinem Essay »Über den

Selbstmord«. Darin wehrt er sich gegen die Unterstellungen von Feigheit oder Wahnsinn: Suizid sei nicht Unrecht, sondern das unbestreitbare Recht eines jeden auf seine Person und sein Leben, wenn der Schrecken des Lebens den Schrecken des Todes übertreffe. Im Mittelalter, als Staat und Kirche eng verflochten waren, folgten viele europäische Länder dem Beispiel der katholischen Kirche, und Selbstmord wurde per Gesetz zum Verbrechen erklärt. Erst während der Aufklärung verlor dieser Gesetzesparagraf seine Bedeutung. Frankreich strich ihn bereits 1790 aus seiner Verfassung, und 1961 legalisierte Großbritannien als letztes europäisches Land den Suizid. Die moralische Verurteilung des Suizids aber blieb weiterhin bestehen.

Da die Bibel Selbsttötungen offensichtlich nicht verurteilt, hinterfragen zeitgenössische Theologen immer häufiger das historisch-moralische Suizidverbot. Wenn seelisches oder körperliches Leiden das menschliche Leben so stark beeinträchtigt, dass es nicht mehr lebenswert ist, greifen moralische Argumente zu kurz.

Diese Überlegung half der jungen Witwe Petra, den Suizid ihres Mannes Felix mit dem christlichen Glauben zu vereinbaren. Zusammen mit ihrem Mann hatte sie regelmäßig den Gottesdienst einer evangelischen Freikirche besucht, und der Pfarrer, der das Paar getraut hatte, wurde ihr ein persönlicher Vertrauter. Als sich Felix mit 27 Jahren vor einen Zug warf, erklärte dieser Pfarrer in der Abdankungsrede, er zweifle nicht am Glauben des Verstorbenen und sei sich sicher, Felix habe nun den Frieden in Gottes Nähe gefunden. Der Suizid war Thema der Predigt und durfte offen ausgesprochen werden. Seine Worte spendeten der Ehefrau großen Trost, stießen aber bei anderen Trauergästen auf Unverständnis. Einige reagierten aggressiv, und Petras Eltern fragten nach der Abdankung, ob denn nur bestimmte Menschen auserwählt seien, in den Himmel zu kommen. Sie beschuldigten Petra, Mitglied einer Sekte zu sein (obwohl die Glaubensgemeinschaft offiziell anerkannt ist) und behaupteten, die Gemeinschaft sei mitschuldig an Felix' Suizid.

Heute ist sich Petra im Klaren darüber, dass dieser Streit um die Religion nur ein Auslöser war, der tiefer liegende Probleme innerhalb der Familie an die Oberfläche brachte. Die Eltern waren mit dem Suizid ihres Schwiegersohnes überfordert und fanden durch ihre Kritik an der Religion ein Ventil für ihre Gefühle. Petra lässt sich nicht beirren, denn für sie ist Gott im Neuen Testament ein Gott der Liebe, der den Menschen, die er als selbstbestimmte Wesen erschuf, ihre Sünden vergibt. Wenn sich ein Mensch das Leben nimmt, kann er sich trotz allem eng mit Gott verbunden fühlen. Die Witwe ist überzeugt, dass ein Nichtanerkennen der Gnade Gottes, die den Menschen ihre Sünden verzeiht, schwerer wiegt als Suizid.

5. Eine neue Identität

Wenn die Betriebsamkeit der Beerdigung vorüber ist, rückt die Frage, wie das Leben nach dem Suizid weitergeht, in den Vordergrund. Erstes Ziel ist nun, alle noch vorhandenen Kräfte zu mobilisieren, auch wenn der oder die Trauernde am liebsten im Bett liegen bleiben und sich die Decke über den Kopf ziehen möchte. In dieser Phase der Erschöpfung ist Unterstützung von außen besonders wertvoll.

Einige Tage nach der Abdankung erhielt Susanne, von der im ersten Kapitel die Rede war, unerwarteten Besuch aus England. Als ihre langjährigen Freunde Ben und Helen erfuhren, dass Robert sich das Leben genommen hatte, packten sie ihre Koffer und fuhren spontan zu Susanne. Das Ehepaar konnte sich nur zu gut in die Situation der Witwe einfühlen, denn Ben hatte zehn Jahre zuvor seinen Bruder durch Suizid verloren und Helens erster Ehemann war bei einem Unfall ums Leben gekommen. »Während einer Woche kümmerten sie sich liebevoll um mich. Das bedeutete eine Woche, in der ich nicht allein war.« Das Ehepaar sorgte dafür, dass Susanne nicht gestört wurde und kochte für sie, damit sie wieder regelmäßig Nahrung zu sich nahm. »Dank ihrer Fürsorge verlor ich nicht weiter an Gewicht, ich hatte überhaupt keinen Appetit und schon sechs Kilo abgenommen.«

Zehn Tage später trat die Witwe eine neue Stelle in einer Buchhandlung an, da sie den Vertrag noch vor dem Tod ihres Mannes unterschrieben hatte: »Ich stürzte mich geradezu in die Arbeit, weil ich mich dadurch ablenken konnte und nicht ununterbrochen an Robert dachte.« Wohlmeinende Freunde rieten ihr, einen Psychiater oder Psychologen aufzusuchen. Sie sorgten sich um Susanne, weil sie glaubten, sie brauche professionelle Hilfe, um den Suizid verarbeiten zu können. Robert war bis zu seinem Tod in psychotherapeutischer Behandlung gewesen und hatte noch einen Termin bei seiner Therapeutin offen. Anstatt abzusagen, entschied sich Susanne, selbst hinzugehen. Die Therapeutin versicherte ihr als erstes, dass sich bisher noch keiner ihrer Klienten das Leben genommen habe. Das therapeutische Gespräch empfand Susanne zwar als wohltuend, sie wollte aber keine weitere professionelle Hilfe in Anspruch nehmen. »Es war noch zu früh, während der ersten Wochen verschloss ich mich der Trauer und war einzig damit beschäftigt, zu überleben, mich alleine zurechtzufinden und darauf zu achten, dass ich regelmäßig esse, mich wasche und den Haushalt erledige.«

Viele Angehörige berichten von den anfänglichen Schwierigkeiten, sich nach einem Suizid erneut im Leben zurechtzufinden. Wenn Schuldgefühle und die Suche nach der Ursache der Selbsttötung im Vordergrund stehen, sind die Angehörigen stark verunsichert. Sie fühlen sich hilflos und glauben, ohne den Verstorbenen nicht mehr leben zu können. Einen geliebten Menschen zu verlieren, den man zu kennen glaubte, dem man vertraute und der nun sein Leben gewalttätig beendet hat, erschüttert das Selbstvertrauen der Hinterbliebenen zutiefst. Weil sie keine Erklärung finden, beginnen sie, an sich selbst zu zweifeln. Als sich Katrin, die Grafikerin, einige Wochen nach dem Suizid ihres Mannes erstmals wieder unter Leute wagte und zu einer Vernissage ging, spürte sie viel sagende Blicke, die auf sie gerichtet waren: »Das ist die Frau, die ihren Mann umgebracht hat.« Sie fühlte sich, als hätte man ihr ein großes Kreuz auf den Rücken gemalt, das sie als Mörderin kennzeichnet. Auch wenn Katrin die Blicke vielleicht überinterpretierte, Vorurteile gegenüber Suizid-Angehörigen sind eine gesellschaftliche Tatsache. Sie schwächen das angeschlagene Selbstvertrauen der Trauernden zusätzlich und verstärken das Gefühl der Isolation. Wer mit Verlust und Trauer nicht umgehen kann, grenzt die Betroffenen aus.

Dass Angehörige von Menschen, die sich das Leben genommen haben, ausgegrenzt oder gar geächtet werden, hat mit der Verdrängung des Todes in unserer Kultur zu tun. Der Tod ist für uns nicht mehr eine zu akzeptierende Konsequenz des Lebens, sondern zu einem beleidigenden, obszönen Ereignis geworden. Die Medizin mit ihrem Allmachtsanspruch gaukelt uns vor, jede Krankheit sei heilbar und das Leben theoretisch unendlich verlängerbar. Wenn wir schon Krankheiten, die zum Tode führen, verstecken müssen, dann erst recht einen Suizid. Wenn sich ein Mensch das Leben nimmt, werden wir nicht nur mit dem Tod konfrontiert, sondern zusätzlich mit der Tatsache, dass diesem Menschen das Leben nichts mehr bedeutete. Diese Verneinung menschlicher Normen und Werte ist unerträglich und bedrohlicher als eine unheilbare Krankheit. Die amerikanische Autorin Susan Sontag schreibt in ihrem Buch »Krankheit als Metapher«, dass jede Krankheit, die man als Geheimnis behandelt und heftig genug fürchtet, im moralischen, wenn nicht im wörtlichen Sinn als ansteckend empfunden wird: »So sehen sich überraschend viele Menschen mit Krebs von Verwandten und Freunden gemieden und werden von Mitgliedern ihres Haushalts zum Objekt von Desinfektionspraktiken gemacht, als ob Krebs eine ansteckende Krankheit wäre. Der Kontakt mit jemandem, der von einer als mysteriöses Übel betrachteten Krankheit befallen ist, gilt unvermeidlich als Vergehen oder gar als Tabuverletzung.« Was Susan Sontag beim Umgang mit Krebskranken beobachtet, gilt auch für Angehörige eines Suizidenten. Wie eine mysteriöse Krankheit ist ein Suizid unheilbar, unverstanden, unsichtbar und »klopft nicht an, bevor er eintritt«.

Außenstehende, die von einem Suizid erfahren, projizieren ihre Todesängste auf die Angehörigen und stigmatisieren sie auf der Suche nach einer plausiblen Erklärung. Diese Stigmatisierung hilft ihnen, die Bedrohung des Todes von der eigenen Person abzuwenden. Handelt es sich um eine lebensbedrohliche Krankheit, kann man sich einreden, dass man als treuer Sexualpartner vor Aids gefeit ist oder dass man keine psychischen Probleme hat und deshalb nie an Krebs erkranken wird. Ganz ähnlich lautet die Beschwörungsformel, um die Bedrohung Suizid abzuwenden: Weil ich nicht so streitsüchtig bin wie die Partnerin des Mannes, der sich erschossen hat, oder nicht so lieblos wie die Tochter, deren Mutter sich erhängt hat, wird auch keiner meiner Angehörigen Suizid begehen. Diese Unterstellungen, die jeder Grundlage entbehren, sind ein verzweifelter Schutzmechanismus, um sich nicht mit einem Schicksal auseinander setzen zu müssen, das jeden Menschen treffen kann. Der Schutzmechanismus funktioniert wie eine magische Zauberformel, mit der man das Böse abzuwenden versucht: Weil ich so anders bin als der vom Unglück Getroffene, kann mir dieses Unglück nicht zustoßen.

Erschwerend kommt unsere Vorliebe für psychologische Erklärungen hinzu. Wir glauben, durch Psychologisieren Erfahrungen und Ereignisse kontrollieren zu können, die sich in Tat und Wahrheit nicht oder kaum kontrollieren lassen. Diese Haltung bekommen die Angehörigen nach einem Suizid schmerzlich zu spüren. Durch pseudo-psychologisches Etikettieren und Ausgrenzen der Trauernden verleugnen wir die Realität Suizid, die in Deutschland jährlich 11 000 Mal, in der Schweiz und Österreich 2900 Mal stattfindet. Da wir uns weigern, den Tod als etwas Natürliches zu verstehen, ist ein selbst herbeigeführter Tod umso ungeheuerlicher, als er die mühsam errichteten Abwehrmechanismen zu sprengen droht.

Wenn eine Gesellschaft alles unternimmt, um die Konfrontation mit dem Tod zu verhindern, und dann Menschen durch eine Selbsttötung zeigen, wie schnell ein Leben ausgelöscht ist, muss die Verurteilung umso gnadenloser sein. Diese Verurteilung trifft die Hinterbliebenen, weil sie aus Gleichgültigkeit, Unvermögen oder gar Schlechtigkeit angeblich versäumten, das Leben ihres Angehörigen zu schützen. Schuldzuweisungen sind ein machtvolles und grausames Instrument, die »Schande« des Suizids auf die Hinterbliebenen abzuwälzen. Unsere Vorstellungen über Selbsttötung sind konfus, uns fehlt ein kulturelles Konzept, um auf einen Suizid reagieren zu können. Selbst professionelle Erklärungsversuche beschränken sich weit gehend auf psychiatrische Diagnosen wie Depression oder Schizophrenie, die das Phänomen Suizid aber längst nicht in jedem Fall und in seiner ganzen Komplexität erfassen.

Uns interessieren vor allem die Beweggründe des Verstorbenen, weil wir nach einer möglichst plausiblen Erklärung suchen und auf die Frage »Warum?« eine befriedigende Antwort erwarten – die es bei einem Suizid aber nicht geben kann. Es entspricht unserem kulturellen Denkmuster, Gefühle und zwischenmenschliche Beziehungen zu analysieren, und wir tun es so systematisch, dass es als Wissenschaft an Universitäten gelehrt wird und sich ganze Berufszweige der menschlichen Seele angenommen haben.

Fairerweise muss hier angemerkt werden, dass auch Trauernde dazu neigen, sich von anderen Menschen abzukapseln. Sie glauben, niemand könne sie verstehen und dass sie die Einzigen sind, die einen so schweren Schicksalsschlag verkraften müssen. Von der Trauer geschwächt, reagieren sie sehr empfindlich und nehmen manchmal voreilig an, dass ihnen andere Menschen feindlich gesinnt seien. Sie igeln sich ein, um sich in ihrer Verletzlichkeit und Trauer ein Stück Würde aufrecht zu erhalten. Eine vorsichtige Unterscheidung zwischen einer tatsächlicher Ausgrenzung und dem eigenen Gefühl, der Welt im Schmerz trotzen zu müssen, kann verhindern, dass sich die Hinterbliebenen selbst noch zusätzlich schaden.

Es gibt Trauernde, die sich während Jahren keinem Menschen anvertrauen, weil sie nicht wollen – manchmal aber auch, weil sie nicht können. Sie verschließen ihre Gefühle in den hintersten Winkel der Seele und verdrängen den brennenden Schmerz. Michael, dessen Bruder sich nach einem Amoklauf erschossen hatte, sprach lange Zeit mit niemandem über die Tragödie, und seine Eltern hielten es genauso. Er erzählt, dass er als 16-Jähriger keinen anderen Umgang mit Problemen kannte, als sie zu verdrängen. Heute vergleicht er den Suizid seines Bruders mit einem Erdbeben: »Ich stand inmitten einer zerstörten Welt und benahm mich, als ob nichts geschehen sei.« Sein Körper aber reagierte auf den Suizid. Einen Tag, nachdem er vom Tod seines Bruders erfahren hatte, bekam er starke Bauchkrämpfe, die während Wochen wiederkehrten, bis er die peinigenden Schmerzen mit Medikamenten bekämpfte.

Seine Mitschüler ahnten nichts von der Tragödie, weil das Gymnasium, das er besuchte, nicht in seinem damaligen Wohnort lag. Das war Michael nur recht, denn er hätte das Mitleid seiner Mitschüler nicht ertragen. Als er zwei Tage nach dem Suizid seines Bruders wieder zur Schule ging, ließ er sich nichts anmerken. Die Leute im Dorf hingegen wussten, was geschehen war, aber niemand wagte es, Michael und seine Familie darauf anzusprechen. »Einzig die Coiffeuse im Dorf besaß die Taktlosigkeit, mich auszufragen. Sie überrumpelte mich, während sie mir die Haare schnitt und fragte mich ganz beiläufig, ob es wahr sei, dass ›der‹ in der Zeitung mein Bruder ist. Ich war erst 16 Jahre alt und fühlte mich ihr hilflos ausgeliefert. Dumm und brav wie ich damals war, sagte ich ganz leise ja.« Das Bild seines Bruders mit der weggeschossenen Gesichtshälfte prangte auf den Titelseiten der Boulevardpresse. Die Bilder von Michael und seinen Eltern wurden hingegen nicht veröffentlicht. Als Lars aufgebahrt in der Leichenhalle lag, führte die Mutter Michael seitlich zum Sarg, um ihm den Schock zu ersparen. »Erst in der Zeitung sah ich, wie übel sich Lars zugerichtet hatte. Auf dem Bild war sogar die Blutlache zu sehen, in der er lag, und seine rechte Hand war zusammengekrallt, als ob er im letzten Augenblick noch gezuckt hätte. Dieses Bild verfolgte mich bis in die Träume.«

Ein Geschwister zu verlieren bedeutet immenses Leid, doch die stärkste gefühlsmäßige Bindung entwickeln wir zum Lebenspartner oder zum eigenen Kind. Ihnen gilt die größte Fürsorge und Liebe, und wir fühlen uns für ihr Wohlergehen verantwortlich. Wenn der Partner oder das Kind Suizid begehen, kommt zur Trauer über den Verlust das Gefühl hinzu, vollständig versagt zu haben. Das eigene Leben verliert vorübergehend seinen Sinn, weil der Verstorbene Mittelpunkt der eigenen Existenz war. Die Hinterbliebenen fühlen sich so einsam und verlassen wie noch nie zuvor. Oft empfinden sie eine starke Isolation, weil nicht nur der Verstorbene sie verlassen hat, sondern auch Freunde und Verwandte sich distanzieren. In der ersten Phase nach dem Suizid sind die Trauernden so geschwächt, dass ihnen meist die Kraft fehlt, von sich aus auf andere zuzugehen. Und sie erleben, dass diese von sich aus nicht kommen, weil sie selbst tief betroffen sind. Überfordert von der Tragödie wissen sie nicht, wie sie mit dem Trauernden umgehen sollen.

Wenn Trauernde diese Reaktion erleben, verschließen sie sich nach außen und vermeiden nun selbst, andere mit dem traumatischen Erlebnis zu belasten. In Gesellschaft sprechen sie nicht über ihre Trauer und versuchen, sich zusammenzureißen, so gut es eben geht. Schließlich haben sie schon einen geliebten Menschen verloren, und nun wollen sie nicht auch noch ihre Freunde verlieren. Erst, wenn sie sich in ihre eigenen vier Wände zurückziehen, wagen sie es, ihren Gefühlen freien Lauf zu lassen, sind verzweifelt und fühlen sich sehr einsam. Aus Angst, zurückgewiesen zu werden, kapseln sich viele Hinterbliebene ab und können den traumatischen Tod nur schwer verarbeiten, weil ihnen Gesprächspartner fehlen. Für sie steht die Frage nach dem »Warum?« im Mittelpunkt, denn in den meisten Fällen ist der Suizid nicht nachvollziehbar. Diese Frage beschäftigt nicht nur die Trauernden, das Bedürfnis zu erklären und zu verstehen ist in unserer Kultur angelegt. Wir denken sehr kausal und versuchen das Leben nach dem Prinzip Ursache und Wirkung zu verstehen. Bereits 1972 untersuchte der Soziologe James M. Henslin Trauerprozesse von Angehörigen nach einem Suizid. Wenn ein kleines Kind sprechen lernt, lernt es nicht nur Wörter, die bestimmte Dinge, Sachverhalte und Handlungen bedeuten, sondern es bekommt gleichzeitig die kulturell bedingten Zusammenhänge und Erklärungen durch die Sprache mitgeliefert. Daraus entwickeln sich bestimmte Denkmuster und Kommunikationsweisen, die den zwischenmenschlichen Umgang erleichtern.

Die Nachricht eines Todesfalls löst unmittelbar Reaktionen aus. Meist fragt ein Außenstehender, der vom Tod erfährt, woran die Person gestorben ist, und erwartet, dass seine Frage zufrieden stellend beantwortet wird. Zwar wird er den Unfalltod eines jungen Menschen als ungleich tragischer empfinden als den Herzstillstand eines betagten Menschen, doch beide Antworten lassen sich problemlos in unser Denkmuster einfügen, das jedem Ereignis eine Ursache zuordnet: Der Flugzeugabsturz des Jungen ist trauriges Schicksal, der Tod des Betagten seinem hohen Alter zuzuschreiben. So unterschiedlich die Todesursachen auch sind, die Antwort ist in beiden Fällen befriedigend, weil sie sich in unseren Erfahrungsbereich einordnen lassen. Der Fragende kann nachvollziehen, weshalb der Mensch starb und weiß, dass seine Angehörigen nichts mit der Todesursache zu tun haben.

Suizid aber ist ein theoretisch vermeidbarer Tod, weil ihn der Verstorbene absichtlich herbeiführte. Deshalb zwingt diese Antwort den Fragenden darüber nachzudenken, weshalb er sich das Leben nahm. Viele außereuropäische Kulturen verstehen einen Suizid auf ganz andere Weise. In ihrem kulturellen Denkmuster lässt er sich durchaus in einen Bedeutungszusammenhang einordnen oder muss gar nicht erklärt werden, und die Angehörigen stehen deshalb auch nicht im Mittelpunkt des Interesses. Von einem Magar im Hochland des Himalaja, der seinen Sohn durch Suizid verloren hat, wird nicht erwartet, dass er dessen Tod erklären kann. In seiner Kultur sind bestimmte Geister für das Unglück verantwortlich. Dort ist es viel wichtiger, den Verstorbenen beim Geleit ins Totenreich zu betreuen und die Geister, welche den Suizid verursachten, zu besänftigen oder mit Gewalt zu vertreiben. Das geschieht durch Rituale oder Zeremonien, die von auserwählten Fachleuten durchgeführt werden. Auch die nachfolgende Trauerzeit wird durch Rituale unterstützt und dauert meist sehr viel länger als die Trauerzeit, die wir hier bei uns Hinterbliebenen zugestehen.

6. Warum? Die Suche nach Schuldigen

Sehr viel intensiver als bei anderen Todesursachen beschäftigt Suizid-Angehörige die Frage der Schuld. Sie suchen nach den Beweggründen, fragen sich verzweifelt nach dem »Warum« und spekulieren über ihre Mitverantwortung. »Suizid ist ein Abbruch der Beziehung, wie man ihn sich schrecklicher nicht vorstellen kann«, sagt der Psychiater und Suizidforscher Asmus Finzen. Die Angehörigen haben keine Chance, sich zu verabschieden, oder Probleme, die sie beschäftigen, zu klären. Suizid ist ein chaotischer Tod, nur selten gibt es einen friedlichen oder erlösenden Aspekt. »Er gab mir keine Erklärung für seine Kurzschlusshandlung und ich konnte ihm keine Frage mehr stellen. Dieser radikale Entzug der Gesprächsbereitschaft traf mich ins Mark«, beschreibt eine Betroffene ihre Gefühle.

Da sich die Person, die sich das Leben nimmt, vor ihrem Tod in einer für sie ausweglosen Situation befindet, ist es wahrscheinlich, dass das Verhältnis zu Verwandten und Freunden belastet war. Konflikte und Disharmonien vor einem Suizid erhalten nach der Tat eine übermächtige Bedeutung und lösen bei den Hinterbliebenen Schuldgefühle aus.

Die Konfrontation mit der Schuld und ihre Folgen schildert Boris, ein 30-jähriger Restaurantbesitzer, sehr eindrücklich. Seine damals 26-jährige Freundin erhängte sich vor vier Jahren. Nach ihrem Tod gönnte er sich keine Ruhepause, sondern stürzte sich geradezu in die Arbeit, weil es ihm unerträglich war, untätig herumzusitzen und zu grübeln. Patrizia hatte im Betrieb mitgearbeitet, und bald kamen die ersten Gäste, die sich nach ihr erkundigten. Wenn er erklärte, dass sie gestorben war, erlebte er im ersten Moment große Betroffenheit. Wenn die Gäste dann weiter fragten und erfuhren, dass sie sich das Leben genommen hatte, zuckten sie zusammen und wichen zurück. Diese Reaktion konnte er nur als Vorwurf verstehen: »Mein Gott, was ist das für ein schrecklicher Mensch, wenn seine Partnerin keinen anderen Ausweg sah, als sich das Leben zu nehmen.«

Bereits einige Jahre vor ihrem Suizid litt Patrizia an schweren Depressionen, weigerte sich aber, einen Arzt aufzusuchen und Medikamente zu nehmen. Als sich ihr Zustand rapide verschlechterte, auch weil sie kokainabhängig war, war Boris völlig überfordert. Das Restaurant hatte er erst vor kurzem eröffnet, er war verschuldet und arbeitete wie ein Besessener. Seine Schwester, die mit Patrizia eng befreundet war, kümmerte sich liebevoll um diese. Die Belastung war auch für sie enorm. Patrizia wälzte sich in depressiven Gedanken und konsumierte immer wieder Kokain. Nach einem Absturz verschlimmerte sich die Depression, und sie litt an Schlaflosigkeit. Sie konnte stundenlang schwarz malen, wie furchtbar sinnlos und zerstört ihr Leben sei. Damit zog sie auch die Schwester von Boris in ihre depressive Stimmung hinein. Schließlich war diese am Ende ihrer Kräfte angelangt und so erschöpft, dass sie entschied, ein Wochenende an die Ostsee zu fahren. Am Freitagnachmittag, als die Schwester abreiste, hatte Boris einen Termin beim Zahnarzt. Knappe zwei Stunden war Patrizia unbeaufsichtigt, und als Boris zurückkehrte, fand er seine Freundin erhängt im Keller.

Boris und seine Schwester glaubten das Übermenschliche schaffen zu müssen, Patrizias Leben zu retten, obwohl sie sich weigerte, Hilfe anzunehmen. In der Beziehung zwischen Boris und Patrizia standen nicht partnerschaftliche Konflikte im Vordergrund. Seine Schuldgefühle rührten daher, dass er seiner Partnerin nicht helfen konnte, ihre Drogensucht und ihre Depression zu überwinden und damit auch in letzter Konsequenz die Tat zu verhindern, wie er glaubte.

Oftmals sind es seelische oder körperliche Krankheiten des Partners, Arbeitslosigkeit, finanzielle Probleme oder Drogenmissbrauch, welche die Beziehung belasten. Diejenigen Personen, die dem Betroffenen am nächsten stehen, werden am stärksten mit diesen Problemen konfrontiert und leiden dementsprechend.

Viele Verstorbene lassen ihre Angehörigen mit unerledigten Dingen zurück, aber wenige hinterlassen so viel Unordnung wie diejenigen, die starben, weil sie es selbst wollten. Ihr abrupter Tod hinterlässt unzählige offene Fragen. So sind die Hinterbliebenen auf sich selbst zurückgeworfen und beginnen damit, sich die Schuld an diesem Unglück aufzuladen. Endlos kreisen die Gedanken um Fragen wie: »Weshalb bin ich fortgegangen, weshalb habe ich nicht besser aufgepasst, weshalb habe ich die Gefahr nicht rechtzeitig erkannt?« usw. Das Gefühl, versagt zu haben, wird schließlich übermächtig: »Hätte ich nicht versagt, hätte sich auch der Mensch, den ich so liebte, nicht umgebracht«, oder: »Wäre ich fähig gewesen, ihm genug Liebe zu geben, dann wäre er noch am Leben.«

Oft wagen Angehörige nicht, anderen diese selbstzerstörerischen Gedanken anzuvertrauen, was wiederum die Schuldgefühle verstärkt, weil kein Gegenüber sie relativieren kann. Bei Boris führte diese unheilvolle Verstrickung zu einer Depression, und er wurde vorübergehend in eine Klinik eingewiesen. Allmählich erkannte er, dass es ihn erleichterte, seine Gedanken auszusprechen, und er begann eine ambulante Psychotherapie, die ihm sehr half. »Es fällt mir zwar immer noch schwer, darüber zu sprechen, aber ich habe mich entschlossen, hier meine Geschichte zu erzählen, um anderen Betroffenen zu zeigen, dass es einen Ausweg gibt.«

Was wir unter Liebe verstehen, ist ein von Romantik umrankter Begriff: Wahre Liebe bezwingt jedes Leid und hat perfekt zu sein. An diesen Vorstellungen drohen Angehörige nach einem Suizid zu ersticken. Dennoch sind die Vorstellungen nicht realistisch: Jeder Mensch macht Fehler, hat Schwächen und Launen, ist oftmals ungeduldig und ungerecht gegenüber seinem Partner, seinen Kindern, Geschwistern und Eltern. Allen romantischen Ansprüchen zum Trotz ist auch die größte und tiefste Liebe nicht vor Krisen gefeit, und wer sich einzureden versucht, durch seine Liebe über das Leben eines anderen Menschen entscheiden zu können, maßt sich göttliche Kräfte an.

Weil der Wunsch, einen Suizid nachzuvollziehen, so übermächtig ist, suchen Hinterbliebene in ihrem eigenen Verhalten nach Gründen und finden sie in ihrer Verzweiflung auch. Das hat weniger mit den realen Ereignissen vor dem Suizid zu tun als mit einer nachträglichen Neuinterpretation, die einen Zusammenhang zwischen dem eigenen Verhalten und dem Suizid herstellt. Es spielt keine Rolle, was sie tatsächlich getan oder nicht getan haben, weil ihnen rückblickend alles falsch erscheint.

So ist das auch bei Caroline, deren Mann sieben Monate vor unserem Gespräch nach einer Überdosis Antidepressiva starb. Sie glaubt heute, sie hätte ihn vor sich selbst schützen müssen. Er steckte in beruflichen Schwierigkeiten, war überfordert und erkrankte zwei Monate vor seinem Tod an einer schweren Depression.

»Sein Suizid zwingt mich, Bilanz zu ziehen«, sagt sie. »In jeder Ehe gibt es Probleme, wir waren 22 Jahre verheiratet, und ich war nicht immer fair zu ihm. Ich machte Fehler in der Partnerschaft, aber ich sehe ein, dass auch er Verantwortung trug.«

Sie interpretiert seinen Suizid als Kurzschlusshandlung und glaubt, dass er heute noch am Leben wäre, wenn er die Depression überwunden hätte. Caroline wusste damals nicht, dass diese Krankheit in 10 bis 15 Prozent der Fälle tödlich endet, und wirft sich vor, seinen Zustand nicht richtig eingeschätzt zu haben. Auch dass sie nicht am gleichen Abend von ihrer Geschäftsreise heimkehrte, als sie ihn telefonisch nicht erreichte, macht ihr schwer zu schaffen. Bei diesen Überlegungen lässt Caroline außer Acht, was sie alles getan hat: Sie zog einen Arzt hinzu, als ihr Mann erkrankte, hatte ihre Mutter gebeten, während ihrer Abwesenheit nach ihrem Mann zu sehen, und verständigte einen Arzt, als sie ihn an jenem Abend telefonisch nicht erreichte, der sie beruhigte, es bestehe kein Grund zur Sorge.

Der Versuch, die Ereignisse vor dem Suizid mit dem Suizid in Zusammenhang zu bringen, entspricht dem verzweifelten Wunsch von Angehörigen, eine Logik in den chaotischen Tod zu bringen um den Preis, dass sie sich selbst mit Vorwürfen beladen. Dabei gerät leicht in Vergessenheit, dass ein Mensch, der entschlossen ist, sein Leben zu beenden, immer eine Möglichkeit findet, die geplante Tat durchzusetzen. Selbst wenn man einen Suizidgefährdeten rund um die Uhr betreut und ihn für nur fünf Minuten unbeaufsichtigt lässt, kann er diese kurze Zeit nutzen, um Hand an sich zu legen. Angesichts dieser Erfahrung ist es erleichternd, wenn sich die Hinterbliebenen ihre Machtlosigkeit eingestehen können.

Ob ein Suizid überraschend geschieht oder die schlimmsten Vorahnungen bestätigt: Er löst bei den Angehörigen immer starke Schuldgefühle aus. Schuldzuweisungen sind ein Versuch, die Selbsttötung zu erklären. Doch der Betroffene allein wusste, weshalb er sich das Leben nahm. »Jeder Suizid hinterlässt eine Leere, welche die Angehörigen mit ihren Gefühlen, Fantasien und Erklärungen aufzufüllen versuchen«, erklärt Asmus Finzen, der als Psychiater mit Vorwürfen von Angehörigen konfrontiert wird: »Ob der Kranke oder die Kranke wiederholte Suizidversuche unternommen hat, ob sich lähmende Suizidalität hingezogen hat oder ob der Suizid völlig überraschend kam, der vollendete Suizid löst Erschrecken, Bestürzung, massive Schuldgefühle und eine Fülle verwirrender unmittelbarer Reaktionen aus.« Sowohl die Angehörigen selbst wie auch Außenstehende versuchen, die endgültige Handlung logisch zu begründen und ihr dadurch etwas von ihrem Schrecken zu nehmen. Wenn niemand schlüssige Erklärungen liefern kann, und das ist bei einem Suizid der Fall, fühlen sich alle macht- und hilflos. Die Konfrontation mit dieser schrecklichen Todesursache überfordert die Betroffenen maßlos, und vor diesem Hintergrund kommt es zu Schuldzuweisungen. Obwohl sie den Trauernden kurzfristig Linderung verschaffen, schaden sie ihnen letztendlich, weil die negativen Gefühle auf sie selbst zurückfallen und einer Auseinandersetzung mit dem Ohnmachtsgefühl im Weg stehen.

In den ersten Wochen nach einem Suizid droht auch das eigene Leben den Sinn zu verlieren. Alles außer dem Tod des geliebten Menschen ist unwichtig, und es fällt schwer, einen Grund zu finden, weshalb man weiterleben soll. Mancher Trauernde wünscht sich in dieser seelischen Verfassung selbst zu sterben. Diese Todessehnsucht ist oft auch Sehnsucht nach dem Verstorbenen, ihm durch den eigenen Tod wieder nahe zu sein.

Vor dem Suizid ihres Mannes hatte Katrin eine sehr liberale Meinung Menschen gegenüber vertreten, die sich das Leben nehmen. Sie fand, es sei das persönliche Recht jedes Einzelnen, selbst zu entscheiden, wann er sterben will. Heute findet sie einen Suizid sehr egoistisch: »Nach dem Suizid musste ich nicht nur meine Probleme lösen, die ich durch den Suizid bekam, sondern auch die meines Partners. Indem er sich umbrachte, löste er seine Probleme nicht, sondern lud sie auf mir ab.« Nach dieser Erfahrung würde sich Katrin nie das Leben nehmen, weil sie weiß, was man einem geliebten Menschen damit antut. Damals aber, wenige Wochen nach seinem Tod, war Katrin so verzweifelt, dass sie selbst einen Suizidversuch unternahm. Ein Leben ohne ihren Mann war unvorstellbar, und sie wollte ihm folgen. »Nachmittags gegen fünf begann ich Valium zu schlucken und Wodka zu trinken, ganz langsam, immer nur drei oder vier Tabletten aufs Mal. Ich wusste, wenn ich alle auf einmal nehme, würde ich mich erbrechen und überleben. Als der Wodka zu Ende war, trank ich Whisky. Erst kurz bevor ich die Besinnung verlor, gegen elf Uhr abends, verständigte ich meinen Schwager.« Katrin ist keine Ausnahme, im ersten Jahr nach einem Suizid sind nahe stehende Angehörige vierhundertmal suizidgefährdeter als die Durchschnittsbevölkerung.

Amerikanische Psychologen untersuchten in den 80er-Jahren, wie Suizid-Angehörige von Außenstehenden eingeschätzt werden. Dazu spielten sie Studenten ein Tonband vor, auf denen eine Frau über den Tod ihres Mannes spricht. Die Aufnahme wurde dreimal kopiert, der Text blieb identisch bis auf die Todesursache: In der ersten Version war der Mann an einem Herzinfarkt gestorben, in der zweiten bei einem Autounfall und in der dritten Variante hatte er Suizid begangen. Diese Aufnahmen wurden drei Versuchsgruppen vorgespielt, welche anschließend die Trauernde beschreiben sollten. Fazit: Die Studenten der dritten Gruppe schätzten die Frau weit negativer ein als die beiden anderen Gruppen. Sie beschrieben sie als psychisch angeschlagener, beschämter und am Tod ihres Mannes schuldiger als wenn ihr Mann anders gestorben wäre. Diese Schuldzuweisung der Gesellschaft an die Hinterbliebenen ist zerstörerisch und ungerecht. Doch unglücklicherweise sind es die Hinterbliebenen selbst, die sich am härtesten richten, weil der Suizid ein Gefühl totaler Hilflosigkeit hinterlässt.

Um wenigstens ein Quäntchen Kontrolle und Rationalität nach diesem chaotischen Tod aufrecht zu erhalten, sind die Hinterbliebenen gewillt, sich die ganze Verantwortung aufzubürden.

Für Hinterbliebene ist es sehr wichtig zu wissen, dass der Auslöser für den Suizid nicht die Ursache ist, betont Asmus Finzen. Der Psychiater führt das wiederkehrende Kreisen von Gedanken auf depressive Symptome zurück, die gemäß seinen Erfahrungen bei Angehörigen nach einem Suizid auftreten. Dabei geht es häufig um die Frage, ob eine andere Reaktion, eine andere Antwort, eine andere Verhaltensweise in der letzten Begegnung mit dem Menschen, der sich das Leben genommen hat, den Suizid verhindert hätte. Bei dieser Frage können sich die Gedanken festsetzen, versagt und Schuld auf sich geladen zu haben. Und hier suchen die Angehörigen, meistens zu Beginn der Trauer, auch nach den Ursachen für die Selbsttötung.

Dabei ist es nebensächlich, wie das Leben der Angehörigen vor dem Suizid verlaufen ist oder welche Faktoren den Entschluss, sich das Leben zu nehmen, beeinflusst haben. Es gibt in jedem Fall einen letzten Anlass, der zum Suizid führt. Aber: »Er ist bestimmt nicht Ursache und wäre mit größter Wahrscheinlichkeit durch einen anderen Anlass ersetzbar gewesen. Auch wenn sich die Szenen solcher Begegnungen immer wieder in Träumen, in Erinnerungen oder vor den Augen der Angehörigen einstellen, ist es wichtig, sie weglegen zu lernen und sie nicht zwanghaft zu ändern zu versuchen: Wenn ich damals etwas anderes gesagt oder getan hätte …«

Für die Hinterbliebenen macht der Suizid keinen Sinn, aber der Mensch, der sich das Leben nimmt, sieht ihn. Er sieht keine andere Möglichkeit mehr, als seine Probleme durch das Beenden seiner Existenz zu lösen. Er tut das gegen den Willen der Angehörigen und ohne dass sich für sie auch nur das Geringste löst. Im Gegenteil: Für sie werden die Probleme massiv verstärkt, weil sie nun zusätzlich zum Schock des Suizids auch noch mit den Problemen des Verstorbenen konfrontiert werden, mit denen er sie alleine zurücklässt. Die Tat bricht über sie herein und verwüstet ihr Leben wie eine Naturkatastrophe, der sie machtlos gegenüber stehen, der sie völlig ausgeliefert sind. Es war nicht ihre Entscheidung, aber sie tragen die Folgen aufs Schwerste. Deshalb sind die Angehörigen die wahren Leid Tragenden eines Suizids, nicht der Mensch, der sich das Leben genommen hat.

Viele Menschen, die sich töten wollen, ahnen zumindest, dass sie ihre Bezugspersonen zutiefst verletzen. Ihr Einfühlungsvermögen ist jedoch stark eingeschränkt, denn sie stehen vor einer ausweglosen Situation und haben sich bereits von ihren Mitmenschen abgewendet. Ihre ganze Kraft konzentrieren sie auf den bevorstehenden Suizid, für die Gefühle anderer Menschen sind sie kaum mehr empfänglich. Wer sich selbst tötet, will das nicht anderen antun, sondern tut es für sich ganz allein. Ein Mitarbeiter der Bezirksanwaltschaft Zürich, der täglich Polizeiakten von Suiziden auf dem Schreibtisch hat, erzählt, dass nur in einem von zehn Fällen nach dem Suizid ein Abschiedsbrief gefunden wird.

Meist ist das Motiv, einen Abschiedsbrief zu hinterlassen, die Angehörigen von Schuld zu entlasten. Eine Frau, deren Mann sich vor einen Zug geworfen hatte, fand nach seinem Tod folgende Nachricht: »Ich wünsche mir von Herzen, dass du glücklich wirst. Bitte vergib mir.« Die Witwe glaubt, diese Zeilen waren ausschlaggebend dafür, dass sie keine Schuldgefühle quälen und sie keinen Hass auf ihren verstorbenen Ehemann empfindet. Sie gesteht ihm zu, dass er auf seine Weise versucht hat, sie zu entlasten. Als sie seine Worte zum ersten Mal las, dachte sie: »Sicher vergebe ich dir.«

Jeder Abschiedsbrief ist Zeuge einer Tragödie, des letzten Lebensabschnitts eines verzweifelten Menschen, der nicht mehr darüber nachdenkt, dass sein Tod die unwiderrufliche Reaktion auf ein vorübergehendes Problem ist. Die letzte Nachricht, gleichgültig, ob sie erklärend, entschuldigend oder beschuldigend ist, drückt in jedem Fall Hoffnungslosigkeit und höchste Not aus. Mit einem Abschiedsbrief versucht der Verzweifelte ein letztes Mal, sein Leben zu ordnen oder Abschied zu nehmen.

Aber längst nicht alle Abschiedsbriefe sind klärend oder entlasten die Hinterbliebenen. Der Mitarbeiter der Bezirksanwaltschaft muss immer wieder Briefe lesen, in denen Angehörige und Freunde aufs Gröbste beschimpft werden und der Verstorbene ihnen direkt die Schuld am Suizid gibt. In diesem Fall ist es für die Angehörigen sehr wichtig zu wissen, dass solche Anschuldigungen ein Verzweiflungsakt sind und nichts mit einer realen Schuld zu tun haben. Der momentane Zustand, in dem der Verstorbene die Worte niederschreibt, sagt nichts aus über die tatsächliche Beziehung, sondern widerspiegelt seinen Gemütszustand in größter Not. Als sich Katrins Mann das Leben nahm, stand das Ehepaar kurz vor der Scheidung. Beide waren beruflich sehr erfolgreich und hatten wiederholt Auseinandersetzungen über eine gerechte Aufteilung der Güter. Ehe er sich tötete, kritzelte er mit Bleistift auf den Küchentisch: »Nun gehört dir alles!« Es war zwar seine Entscheidung gewesen, sich scheiden zu lassen, und Katrin kannte seine Anfälle von Jähzorn, aber die Worte waren nach seinem Tod unwiderruflich und erschütterten sie zutiefst. Manche Hinterbliebene sind deshalb erleichtert, wenn der Verstorbene keine letzte Nachricht hinterlässt. Der Sohn eines Arztes, der sich eine Überdosis Morphin gespritzt hatte, erzählt: »Jedes Wort hätte nach dem Suizid eine übermächtige Bedeutung erhalten, und da mein Vater nie die ganze Wahrheit hätte niederschreiben können, ist es für uns besser, dass er überhaupt nichts geschrieben hat. So fühle ich mich weniger belastet.«

Teil 2: Auswirkungen

7. Chaos der Gefühle

In den ersten Wochen nach dem Suizid müssen die Angehörigen ein Chaos hereinbrechender Gefühle bewältigen und gleichzeitig versuchen, sich wieder im Alltag zurechtzufinden. Oft kommen zum Schmerz und den Schuldgefühlen eine große Verunsicherung der eigenen Person hinzu sowie ein Gefühl des Kontrollverlustes. »Ich war sehr verletzlich und meinen Gefühlen vollständig ausgeliefert. Ich fühlte mich, als ob ich während eines Sturms ins Meer hinausschwimmen müsste: Immer wieder überspült mich eine große Welle und ich versuche mit aller Kraft weiterzuschwimmen, ehe die nächste kam«, beschreibt eine Betroffene ihren Zustand.

Trauernde sind verunsichert über ihren eigenen Wert, weil sie glauben, dass sie dem Verstorbenen nur wenig bedeutet haben, wenn er fähig war, sie auf so grausame Weise zu verlassen. Daher stellen sie nicht nur die Beziehung, sondern auch die eigene Person in Frage. Nur wenige Menschen werden mit einer dem Suizid vergleichbar extremen Lebenssituation konfrontiert und müssen sich so intensiv mit sich selbst und ihren Gefühlen auseinander setzen. Heftige, verwirrende Gefühle sind eine angemessene Reaktion auf diesen Ausnahmezustand: Entsetzen, Enttäuschung, Schuld, Wut, Angst und manchmal auch Erleichterung. Viele unter ihnen glauben, sich auf nichts und niemanden mehr verlassen zu können. Wenn es möglich ist, dass der geliebte Mensch sich das Leben nimmt, dann – so die Befürchtung – sind alle anderen unvorstellbaren Dinge auch möglich. Die Erfahrung zeigt, dass für viele Trauernde in dieser Situation Gespräche hilfreich sind; am besten in einer Trauergruppe mit Menschen, die ebenfalls von einem Suizid betroffen sind. Auch Gespräche mit Freunden oder mit einer Ärztin oder einem Therapeuten, denen man vertraut, können helfen, das Durcheinander der Gefühle zu ordnen und in Gedanken zu fassen.

Es braucht Zeit, bis die Angehörigen erstmals das Gefühl entwickeln, wieder Boden unter den Füßen zu haben. Das Chaos zu bewältigen heißt zu erkennen, dass das Leben weitergeht. Es ist ein wichtiger Schritt, sich im Alltag erneut zurechtzufinden. Gleichzeitig ist es eine Voraussetzung, um die kreisenden Gedanken und die Gefühle von Wut, Angst, Enttäuschung und Kontrollverlust verarbeiten zu können. Zum Glück gibt es Außenstehende, die bereit sind zuzuhören und die Möglichkeit bieten, offen über das traumatische Erlebnis zu sprechen. Die 32-jährige Schwester eines Mannes, der sich mit Benzin übergossen und angezündet hatte, fand in ihrem Freundeskreis Menschen, die angesichts ihres Leids nicht überfordert waren. Die Frau achtete aber darauf, dass sie ihre ganze Verzweiflung nicht bei einem einzigen Freund ablud, sondern auf mehrere Personen verteilte.

Diese Gespräche, so glaubt sie, bewahrten sie davor, den Verstand zu verlieren, weil sie sich im Kreis gedreht und alleine nicht mehr herausgefunden hätte. Immer und immer wieder kamen die gleichen Gedanken, die so übermächtig waren, dass sie ihr große Angst machten. Sie konnte nicht glauben, dass ihr Bruder tot ist, und doch war der Suizid real, weil die Beerdigung stattgefunden hatte. Große Schwierigkeiten machte ihr auch der Widerspruch, dass sie ihrem Bruder einerseits das Recht zugestand, sein unglückliches Leben zu beenden, dieser ihr aber keine Chance gegeben hatte, ihn zu verstehen, weil er den Dialog so abrupt abgebrochen hatte. »Die Freunde«, erzählt sie, »haben sich geduldig tausendmal die gleichen Sätze angehört und ermunterten mich immer wieder aufs Neue, weiter zu sprechen, und das tat sehr gut.«

Es kann aber auch geschehen, dass Angehörige die Verzweiflung von Freunden erleben und selbst Trost spenden (müssen). Susanne fand sich in dieser Situation, denn ihre Freunde fragten, wie es nur möglich war, das Robert sich das Leben genommen hatte. Das gab ihr Gelegenheit zu diskutieren und sich mit dem Suizid auseinander zu setzen: »Es waren sehr offene Gespräche, und mir wurde langsam klar, dass es nicht nur einen Grund dafür gab.« Eines Abends setzte sich Susanne an den Schreibtisch und listete alle möglichen Gründe auf, die eine Rolle bei seiner Entscheidung gespielt haben könnten. Schließlich hatte sie eine Liste mit mehr als 50 Punkten zusammengestellt. Ihr fiel auf, dass die meisten seiner möglichen Gründe mehr mit ihm selbst als Person und seiner früheren Biografie als mit ihrer Ehe zu tun hatten. Diese Erkenntnis entlastete die Witwe und relativierte ihre nagenden Selbstzweifel.

Doch die »Achterbahn der Gefühle«, wie Susanne diese Phase nennt, macht Angehörigen schwer zu schaffen. Sie erzählt, wie sie manchmal am Morgen weinend aufwachte und sich tausend Dinge vorwarf, die sie falsch gemacht hatte. Kurze Zeit später packte sie die Wut, dass Robert ihr dies angetan hatte: »Ich fand es unglaublich fies von ihm, mich so brutal vor vollendete Tatsachen zu stellen, und gleichzeitig schämte ich mich. Ich fühlte mich sehr schlecht, weil man einen Toten doch nicht hassen darf.« Wut scheint ein unpassendes Gefühl bei einer Trauer. Doch Wut kann eine tiefe Verbundenheit mit dem Verstorbenen ausdrücken und ist zugleich ein erster Versuch, sich von ihm zu distanzieren. Distanz zwischen dem Verstorbenen und der eigenen Person zu schaffen ist eine wichtige Strategie, um zu überleben. Die Distanz erlaubt es den Trauernden, die eigenen Bedürfnisse wieder besser wahrzunehmen.

Gerade weil Wut und Hass so schwierige Gefühle sind, ist es wichtig, sie anzuerkennen und ihnen Raum zu geben, wenn sie auftauchen. Frauen aber dürfen nicht wütend sein, weil dieses Gefühl sehr negativ bewertet und eher Männern zugestanden wird. Trotzdem wissen wir alle, wie befreiend es ist, laut, wütend und zornig zu sein. Innerhalb des Trauerprozesses sind diese Gefühle ein positiver Ausdruck von Energie und Lebenskraft. Wer sich die Wut nicht eingestehen kann, und das sind mehrheitlich Frauen, überdeckt sie mit Schuld und Buße, was auf die Dauer aggressiv macht. Anstatt die Wut gezielt auf den Verstorbenen und den Suizid zu lenken, wird sie zu einem diffusen Dauerzustand, in dem jeder und alles zur Zielscheibe wird. Dann verwandelt sich die Aggression in Bitterkeit, was die Bewältigung der Trauer erschwert.

Deshalb ist es hilfreich, wenn Trauernde unterscheiden lernen, welche Gefühlszustände mit der abgebrochenen Beziehung zum Verstorbenen zu tun haben und welche zum persönlichen Erleben als Hinterbliebene gehören. Je enger die Beziehung zum Verstorbenen war, desto verwirrender und widersprüchlicher sind die Gefühle. Nicht immer, und das ist besonders schwer einzugestehen, war Liebe die engste Bindung, auch Verachtung, Furcht und Hörigkeit sind starke Gefühle, die an einen Menschen binden. Noch schwieriger ist das Gefühl der Erleichterung nach einem Suizid. Dies erleben Trauernde, wenn der Verstorbene während langer Zeit krank war und die Angehörigen bis über ihre Grenzen belastete oder wenn der Kranke sehr stark unter seiner Krankheit litt oder bereits Suizidversuche unternommen hatte. Asmus Finzen beobachtet: »Selbst wenn über solche Gefühle der Erleichterung gesprochen werden kann, liegt es näher, zu erklären, dass der Tod für den Verstorbenen eine Entlastung bedeutet. Es ist schwer einzuräumen, dass die Erleichterung auch für das eigene Leben gilt, selbst wenn daneben die Verlassenheit, Abschied und Trauer intensiv empfunden werden.«

Eine junge Frau verlor ein Jahr, bevor wir sie trafen, ihre schizophreniekranke Schwester durch Suizid. Sie haderte zwar mit dem abrupten Abschied und war auch wütend auf sie, weil sie ihr noch einiges zu sagen gehabt hätte. Auf der anderen Seite musste sie seit Jahren damit rechnen, dass ihre geliebte Schwester eines Tages auf diese Weise sterben könnte. Sie war während der Pubertät erkrankt, hatte bereits mehrere Suizidversuche unternommen und oft davon gesprochen, dass sie ihr Leben beenden wolle. Trotz der belasteten Situation betont die junge Frau, dass die Würde ihrer Schwester das Wichtigste war: »Sie wollte sterben, und diesen Wunsch müssen wir alle respektieren.« Sie spricht nicht direkt von Erleichterung, doch Respekt bedeutet für sie auch, dass die Schwester Erlösung gefunden hat und die Familie nicht mehr in ständiger Sorge um sie leben muss.

Der Suizid kann für die Hinterbliebenen massiv bedrohlich sein. Kurz nach dem Tod ihres Bruders bekam eine junge Frau große Angst, weil sie den Eindruck hatte, ihr Bruder sei nicht im Jenseits angekommen. Wenn sie nachts arbeiten musste, hatte sie den Eindruck, seine Präsenz besonders stark zu spüren. Sie glaubte zu hören, wie er durch die leeren Gänge wanderte. Sie sprach zu ihm, hin- und hergerissen zwischen Angst und Wut: »Es war deine Entscheidung zu sterben, also verschwinde endlich!« Auch ihre Mutter erlebte dieses Phänomen und glaubte, die Anwesenheit ihres toten Sohnes zu spüren. Verzweifelt riet die Tochter ihrer Mutter: »Gib ihm einen Tritt in seinen astralen Hintern und schicke ihn fort. Wenn du ihn festhältst und dich an ihn klammerst, kommt er nie dort an, wo er hingehen muss.« Die Familie fand diese Reaktion gefühllos, doch die Tochter blieb konsequent. Sie glaubte, dass er den Weg ins Jenseits nicht mehr finden würde, wenn er zu lange herumgeisterte. Irgendwann hatte sie das Gefühl, er komme nicht mehr. Heute, zwei Jahre später, sagt sie, er tauche ab und zu wieder auf, aber jetzt freue sie sich darüber, weil sie wisse, dass er auch wieder gehe.

Mit der Bedrohung durch den toten Bruder kehrten alte Ängste zurück, von denen sie geglaubt hatte, sie seien bewältigt. Ihre Angst vor dem Dunkeln, unter der sie als Kind litt, quälte sie nach dem Suizid erneut. Wieder sprach die Schwester zu ihrem toten Bruder: »Die Tatsache, dass du dir das Leben genommen hast, wirft mich zurück in einen Zustand, den ich nicht mehr will.« Ein Suizid löst Angst aus, weil er einem die eigene Ohnmacht so deutlich vor Augen führt. Einen geliebten Menschen zu verlieren, den man zu kennen glaubt und der sich von einem Tag auf den anderen das Leben nimmt, ist verstandesmäßig kaum zu erfassen und löst irrationale Ängste aus. Als der Ehemann dieser Frau eine Flugreise plante, brach bei ihr Panik aus, und sie verbot ihm zu fliegen: »Ich wollte nicht zwei Menschen, die ich liebe, in kürzester Zeit verlieren.« Diese Ängste haben nachgelassen, weil sie das Vertrauen in sich und andere Menschen zurückgewonnen hat. Jeder Tag der Trauer, an dem sich keine

Katastrophe ereignete, machte ihr Mut und gab ihr wieder Vertrauen in sich und ihre Umgebung. Einen wichtigen Schritt im Trauerprozess hat die Frau bewältigt: Ihr wurde nach und nach klar, dass das Schicksal des Bruders, ihr eigenes Leben und das ihres Ehemannes verschiedene Dinge sind.

Eine Selbsttötung im engen persönlichen Umfeld ist lebensbedrohlich und Angst eine sehr verständliche und natürliche Reaktion, die mit der Zeit wieder nachlässt. Im anfänglichen Durcheinander der Gefühle, das auch herrscht, weil das Sterben bei einem Suizid so schwer nachzuvollziehen ist, haben Hinterbliebene häufig Angstfantasien. Der Suizid kann zu einem Albtraum im wörtlichen Sinn werden, wenn Schlafstörungen, Angst in der Dunkelheit, vor dem Geist des Verstorbenen und vor dem Alleinsein auftreten.

Als Katrin, die Grafikerin, wenige Wochen nach dem Suizid ihres Ehemannes von einer Bekannten gefragt wurde: »Ist er zurückgekommen?«, fragte sie zurück: »Wie meinst du das?« »Ja, hat er sich bei dir gemeldet?« »Ich will ihn doch gar nicht mehr sehen«, entgegnete die Witwe fassungslos. »Er hat mich so brutal verlassen, was soll die Frage?« Am ganzen Körper zitternd lief sie nach Hause. Am Abend saß sie verkrampft im Bett und stand Todesängste aus, ihr toter Mann könnte sie heimsuchen. »Die Bekannte wusste gar nicht, was sie mir mit dieser hirnlosen Bemerkung antat.«

Katrins Ängste verstärkten sich noch. Wenn sie im Bett lag, fühlte sie einen enormen Druck auf ihrem Rücken und hatte den Eindruck, sie werde aus dem Bett geschoben. Sie klammerte sich an die Bettkante, um nicht hinunterzufallen. »Es erinnerte mich an furchtbare Albträume aus der Kindheit, man fällt in ein Loch, immer tiefer und tiefer.« Sie war sich sicher, dass es ihr toter Ehemann war, der sie drangsalierte. Aus Angst vor dem Einschlafen und davor, was ihr im Schlaf geschehen könnte, verbrachte sie schlaflose Nächte. Als die Angst nicht nachließ, entschied sie sich umzuziehen, in der Hoffnung, die Ängste würden sich in einer neuen Umgebung legen. Doch die Angst verfolgte sie weiter: »Ich weiß bis heute nicht, ob es übersinnlich oder meine Einbildung war.« Erst als sie ihren zweiten Ehemann kennen lernte und mit ihm zusammenzog, legte sich die Angst etwas. Wenn er aber geschäftlich unterwegs war und über Nacht nicht nach Hause kam, schaltete sie alle Lichter in der Wohnung an, denn nun hatte sie Angst vor der Angst. Während Jahren konnte sie mit niemandem darüber sprechen: »Ich war fünf Jahre verheiratet, ehe ich es wagte, meinem zweiten Ehemann von diesem Wahnsinn zu erzählen.«

Aus der Perspektive Angehöriger ist ein Suizid ein brutaler, gewaltsamer Akt, der ein Leben beendet. Dieser Eindruck verstärkte sich bei Katrin noch, weil ihr Mann zu Lebzeiten jähzornig und unberechenbar gewesen war. Ihre Ängste beruhten zumindest teilweise auf der Vorstellung von Brutalität und Gewalt in Zusammenhang mit seinem Sterben. Aus der Sicht des Lebensmüden hingegen ist der Akt der letzte notwendige Schritt, um Frieden zu finden. Ein Suizid ist für die Zurückgebliebenen grausam, für den Verstorbenen eine Erlösung. Abschied nehmen bedeutet deshalb, den toten Menschen gehen zu lassen und ihm die Tat ohne qualvolle Fantasien zuzugestehen.

Sich vom Verstorbenen zu verabschieden bedeutet aber auch, den Verlust anzuerkennen. Mit diesem Prozess eng verbunden ist das Gefühl von Verlassenheit. Susanne war nicht nur wütend, dass Robert sie im Stich gelassen hatte, sondern auch zutiefst gekränkt, und sie fühlte sich sehr einsam. Es waren kleine Dinge, die ihr schmerzhaft bewusst machten, wie sehr er ihr fehlte. »Ich saß oft am Fenster, sah in der Nachbarschaft die Einfamilienhäuser, in denen Familien wohnten, und ich wusste: Jetzt musst du alles alleine tun.« Jeden Morgen hatte ihr Mann die Zeitung aus dem Briefkasten geholt. Während er den ersten und zweiten Bund las, begann Susanne ihre Zeitungslektüre mit dem dritten Bund. Diese Gewohnheit hat sie auch neun Jahre nach seinem Tod nicht abgelegt. Es gab so viele alltägliche Verrichtungen, über die das Ehepaar nicht sprechen musste, die beide selbstverständlich taten. »Wir waren ein eingespieltes Team, beide wussten, was zu tun war, auch ohne Worte. Ich band den Kehrichtsack zusammen, stellte ihn vor die Tür, und Robert trug ihn hinaus, wenn er am Morgen das Haus verließ.«

Oft sind es alltägliche Dinge, deren Bedeutung den Angehörigen zu Lebzeiten des Verstorbenen nicht einmal bewusst war. Für Caroline, die ihren Mann sieben Monate vor unserem Gespräch verlor, sind es kleine Details aus ihrem Eheleben, die sie ständig an ihren Mann erinnern und stark schmerzen: »Stets befürchtete er, dass er am Morgen kein sauberes Glas für seine Milch haben könnte, weil ich oft alle Gläser anbrauche. Darüber ärgerte er sich.« Jeden Morgen, wenn Caroline die Küche betritt, erinnert sie sich an diese Marotte und ist tieftraurig. Ihr kommt es vor, als sei die ganze Wohnung voll mit Erinnerungen an ihren Mann. Sie möchte umziehen und einen Neuanfang wagen.

Das Gefühl der Einsamkeit, das Caroline immer wieder überfällt, entsteht, weil ihre Beziehung zu ihrem Mann so eng und unersetzlich war und er eine klaffende Lücke in ihrem Leben hinterlassen hat. Oft fällt es schwer, selbst innerhalb der Familie oder im engsten Freundeskreis über solch widersprüchliche, belastende Gefühle zu sprechen, manchmal auch aus der Befürchtung heraus, die anderen könnten einen nicht verstehen oder für überspannt halten. Wer in dieser Situation in die Isolation gedrängt wird und sich unverstanden fühlt, kann große Wut auf alle Menschen entwickeln, die fröhlich und unbeschwert sind. Liebespaare erinnern quälend an die verlorene Beziehung, lachende Eltern, die mit ihren Kindern spielen, sind unerträglich, wenn das eigene Kind tot ist, und Freunde, die gemeinsam feiern, führen schmerzhaft vor, was nicht mehr ist.

Susanne erlebte eine Phase unsagbarer Traurigkeit, in der sie sich selbst bemitleidete. Sie haderte mit dem Schicksal und grübelte, weshalb ausgerechnet sie diese Tragödie erleben musste: »Für diese Ehe hatte ich doch so viel geopfert und so oft zurückgesteckt, alles meinem Mann zuliebe.« Sie hatten ein Haus gekauft, in dem sie gemeinsam ihren Lebensabend verbringen wollten. Diese Perspektive war nun endgültig zerstört. »Ich fühlte mich verraten und dachte, einmal mehr hat er mich sitzen lassen und ich kann nun selbst schauen, wie ich aus diesem Schlamassel wieder herauskomme.« Erst nach einigen Jahren konnte Susanne ihrem Mann verzeihen und arrangierte sich mit ihrem Schicksal. Rückblickend erkennt sie, wie wichtig es war, diese Traurigkeit, so unerträglich sie manchmal war, zu durchleben. Wer es wagt, sich diesem Gefühl hinzugeben, um es bewusst zu erleben, und sich selbst erlaubt zu weinen, zu schluchzen und zu schimpfen, wenn ihm danach zumute ist, dem wird es leichter fallen, auch ganz bewusst die nicht-traurigen Momente der Trauerzeit zu erleben.

8. Falsche Freunde: finanzielle Folgen

Es ist ein bekanntes Phänomen, dass Menschen in Notsituationen ausgenützt werden. Das kann körperlich, emotional oder finanziell geschehen. In einer Ausnahmesituation ist die Kritikfähigkeit beeinträchtigt, weil das Bedürfnis nach Zuwendung übermächtig ist. Profiteure sind oft Menschen aus dem persönlichen Umfeld. Nach dem Suizid des Ehemannes oder Partners werden Frauen häufig von Männern finanziell ausgenützt. In vielen Beziehungen ist der Mann traditionellerweise für die finanziellen Angelegenheiten zuständig. Witwen ohne Erfahrung in Geldgeschäften sind besonders dankbare Opfer, wenn ihnen Männer Unterstützung anbieten und in der Beschützerrolle auftreten.

Leider ist es eine Tatsache, dass der Suizid die Familienangehörigen in große finanzielle Schwierigkeiten bringen kann, auch wenn zu Lebzeiten des Verstorbenen alles geregelt schien. Susannes Mann hatte ihr mehrmals versichert, dass sie keine Geldsorgen haben werde, wenn er eines Tages nicht mehr da sei. Stets war es ihr Mann gewesen, der die Finanzen regelte, Susanne hatte sich nie um Geldangelegenheiten gekümmert, weil es sie nicht interessierte. Mit dem Suizid allein schon maßlos überfordert und weil sie ein gutgläubiger Mensch ist, lief sie dann einem Betrüger in die Arme. Als der Bruder einer Freundin sich anerbot, Susanne »freundschaftlich« in Geldangelegenheiten zu beraten, nahm sie dankbar an: »Eine halbe Million würde nicht ausreichen, den Schaden zu decken, den ich erlitt. Ich war ein dummes Huhn, viel zu vertrauensselig und naiv.« Sie glaubte, der Bekannte wolle ihr wirklich helfen, stattdessen aber nützte er sie schamlos aus. Er übernahm ihre Bankgeschäfte und ließ sich für die »freundschaftlichen« Dienste gut bezahlen. Er riet ihr, das Haus, das sie von ihrem Mann geerbt hatte, höher zu verschulden und ihren Sohn auszubezahlen. Das restliche Geld, etwa 400 000 Euro, war nun in der Obhut des Bekannten. Eine Weile lang bezahlte er ihr Zinsen, bis Susanne merkte, dass er mit ihrem Geld spekulierte. Als sie es zurückverlangte, war der Bekannte plötzlich verschwunden. Er hatte sich mitsamt dem Geld ins Ausland abgesetzt, wo ihn Susanne nicht belangen kann, weil sie bis heute nicht weiß, wo er sich aufhält. Sie wartet seit neun Jahren, dass er wieder zurückkommt, weil das ihre einzige Chance ist, den Mann juristisch zu belangen. »Es ärgert mich furchtbar, aber es ist geschehen. Nun habe ich Schulden, die ich vorher nicht hatte und die ich wahrscheinlich mein Leben lang nicht werde abbezahlen können.«

Das Gefühl, dem Verstorbenen etwas zu schulden, zusammen mit der schwer zu ertragenden Einsamkeit nach dem Suizid hatten auch für Katrin schwer wiegende Folgen. Ein Freund ihres verstorbenen Mannes tauchte kurz nach dem Suizid auf und kümmerte sich fürsorglich um die Witwe. Da er wiederholt seine Geldsorgen erwähnte, begann Katrin, ihn finanziell zu unterstützen. Sie fühlte sich ihm gegenüber verpflichtet, denn ihr verstorbener Mann hatte ihn schon unterstützt, außerdem war er Kunstmaler wie ihr Schwiegervater. »Er bekam sehr viel Geld von mir. Rückblickend denke ich, dass ich mit diesem Geld versuchte, den Suizid zu sühnen.« Weil sie so dringend einen Menschen brauchte, der in ihrer Nähe war, wurde sie emotional abhängig von diesem Mann: »Schließlich hat man nach einem Suizid nicht mehr viele Freunde.« Mit der Zeit dämmerte ihr, dass es um ihr eigenes finanzielles Überleben ging, und sie brachte die Kraft auf, ihm die Tür zu weisen. Nach diesem Erlebnis war sie am Rand eines Nervenzusammenbruchs, seelisch und finanziell ruiniert. »Nach dem Tod macht man alles für den Verstorbenen, aus Liebe zu ihm, aber er kommt nicht zurück, um sich dafür zu bedanken. Es war falsch, mich in solche Schwierigkeiten zu bringen, nur weil ich glaubte, Jan etwas zu schulden, weil ich noch am Leben war.«

Finanzielle Unannehmlichkeiten können auch aus Versicherungsverträgen entstehen. Für Angehörige ist es wichtig, die rechtliche Situation bei Versicherungen zu kennen. Eine der häufigsten Fragen ist, ob mit einem Suizid in punkto Versicherungsleistungen ein Risiko eingegangen wurde und ob die Angehörigen in einem solchen Fall befürchten müssen, dass Versicherungsleistungen gekürzt oder gar nicht ausbezahlt werden.

In Deutschland liegen die meisten Versicherungsverträge den allgemeinen Versicherungsbedingungen (AVB) zu Grunde. Dies sind keine gesetzlichen Vorschriften, sie regeln den Beginn des Versicherungsschutzes, den Umfang der Versicherung, den Eintritt des Versicherungsfalles und unter welchen Umständen das Versicherungsunternehmen Ersatz leistet. So sind vor dem Antrag auf Ersatz die allgemeinen Vertragsbedingungen auf Ausnahmen zu kontrollieren. Die meisten Versicherungsgesellschaften nehmen den Suizid als natürliches Risiko wahr. Stirbt die versicherte Person, so ist in der Lebensversicherung die im Vertrag vereinbarte Versicherungssumme fällig. Die Todesursache spielt demnach keine Rolle. Der Suizid ist so zwar mitversichert, trotzdem gibt es einige Leistungsbeschränkungen. Die Versicherungsgesellschaft zahlt in der Regel nur dann die gesamte Versicherungssumme, wenn der Suizid nach Ablauf von drei Jahren seit der Zahlung des Einlösungsbetrages stattgefunden hat. Wenn der Suizid nachweislich im Zustand geistiger Verwirrung geschehen ist, das heißt, eine freie Willensbildung nicht möglich war, wird in der Regel auch vor den drei Jahren die Versicherungssumme fällig. Ansonsten erhalten die Bezugsberechtigten nur die bis zu diesem Zeitpunkt eingezahlten Beträge. Werden Dritte im Zusammenhang mit einem versuchten oder vollendeten Suizid unbeabsichtigt geschädigt, so hat die Privathaftpflichtversicherung für die grundsätzlich durch diese Versicherung gedeckten Schäden aufzukommen.

In der Schweiz legt Art. 14 Abs. 1 des Bundesgesetzes über den Versicherungsvertrag (VVG) folgenden Grundsatz fest: »Der Versicherer haftet nicht, wenn der Versicherungsnehmer oder der Anspruchsberechtigte das befürchtete Ergebnis absichtlich herbeigeführt hat.« Da die Lebensversicherungsgesellschaften in der Schweiz im Allgemeinen auf die Anrufung von VVG 14 Abs. 1 verzichten, hat dieser Artikel keine bedeutsamen Auswirkungen. Allerdings ist bei den meisten Lebensversicherungen auch eine Sperrfrist (Karenz) von drei Jahren vorgesehen. Stirbt der Versicherte später als drei Jahre nach Vertragsabschluss, spielt die Todesursache keine Rolle und die Versicherungssumme wird vollständig ausbezahlt. Voraussetzung für die Auszahlung ist, dass der Versicherte bei Vertragsabschluss wahrheitsgetreu Auskunft gegeben hat. Nicht wahrheitsgetreu ist es, wenn der Versicherte eine schwer wiegende Krankheit, die kausal für den Suizid verantwortlich war, verschwiegen hat. Psychische Krankheiten wie Depression unterliegen einer Risikoprüfung. Bei einem Versicherungsantrag klärt die Versicherung ein etwaiges Suizidrisiko mit dem behandelnden Arzt ab. Tritt der Tod vor dieser dreijährigen Frist ein, ohne dass ein relevantes Suizidrisiko bei Vertragsabschluss bestand, zahlt die Versicherung die bereits bezahlten Prämien abzüglich eines Risikoanteils aus.

Bei privaten Lebensversicherungen muss im individuellen Fall die Police der Lebensversicherung geprüft werden. Im Regelfall kann jedoch von einer Versicherungsdeckung ausgegangen werden.

Bei privaten Unfallversicherungen werden in der Regel keine Todesfall-Kapitalien oder Hinterbliebenen-Renten versichert. Unfreiwilligkeit ist eine Voraussetzung für die Annahme eines Unfalles. Dieses Kriterium fehlt bei einer Selbsttötung, sodass nicht von einem Unfall gesprochen werden kann. In wieweit eine Unfallversicherung beim Freitod als Folge eines Unfalls (Sekundärsuizid) Deckung gewähren soll, ist juristisch noch nicht geklärt. Wenn also außerordentliche Leistungen im Todesfall vorgesehen sind, gehen diese bei einem Suizid normalerweise verloren.

In Bezug auf die Sozialversicherungen gelten in der Schweiz nach Sozialversicherungsrecht, Art. 21 vom 6. 10. 2000 folgende

Grundsätze: »Geldleistungen für Angehörige oder Hinterlassene werden nur gekürzt oder verweigert, wenn diese den Versicherungsfall vorsätzlich oder bei vorsätzlicher Ausübung eines Verbrechens oder Vergehens herbeigeführt haben.« Nach einem Suizid müssen die Hinterlassenen demnach nicht mit Kürzungen von Leistungen rechnen. Dies gilt vor allem für die Invalidenversicherung und die AHV (Altersvorsorge).

Ähnlich wie bei der privaten Unfallversicherung stellt sich auch die Rechtslage bei der obligatorischen Unfallversicherung dar. Auf Grund der heutigen Rechtslage muss bei Suizid damit gerechnet werden, dass die Leistungen der obligatorischen Unfallversicherung verweigert werden. Ausnahme bilden die Bestattungskosten. Wie bei der Privaten ändert sich die Rechtslage bei der Obligatorischen Unfallversicherung, wenn der Suizid die Folge eines schweren Unfalls darstellt. So gibt es den Bundesgerichtsentscheid vom 15. 11. 2004, bei dem ein Suizid in Kausalzusammenhang mit einem Gleitschirmunfall gesetzt und letztlich als entschädigungswürdig eingestuft wurde. Verursacht durch den Unfall, litt der Betroffene an massiven psychischen Folgen, die schließlich zum Suizid führten.

9. Trauerprozesse

Es sind die Begegnungen, flüchtige wie auch tief greifende Auseinandersetzungen mit den Partnern, Kindern, Eltern und Freunden, welche uns berühren und verändern. Die Lebensumstände führen zwei Menschen zusammen, und durch das gemeinsame Erleben entstehen neue Perspektiven für die Zukunft. Der Wunsch, das Glück dieser Begegnung auf Dauer festzuhalten, zeigt sich beispielsweise im Eheversprechen, bei dem ein Mensch sich selbst einem anderen verschreibt. Diesem hohen Anspruch können wir nicht gerecht werden, zumal uns Beziehungen zu anderen Menschen ebenso beanspruchen. Auch die Zukunft liegt nicht in unseren Händen. Vor allem aber sind wir immer wieder gezwungen, uns mit gewollten oder ungewollten Trennungen auseinander zu setzen. Sie führen zu neuen Begegnungen und neuen Sichtweisen auf vertraute Menschen. Wie die Begegnung, so gehören auch Trennung und Abschiednehmen zum Schicksal des Menschen.

Die zentrale Bedeutung unserer zwischenmenschlichen Bindungen erklärt die tiefe Erschütterung bei einem Beziehungsverlust durch Tod oder Trennung, vor allem durch einen gewaltsamen Tod.

Freud setzte sich in seiner Abhandlung »Trauer und Melancholie« 1917 tief greifend mit den Reaktionen auf Verlusterlebnisse auseinander. Dieses Werk ist Grundlage der heutigen Trauer- und Depressionsforschung. Er beschrieb darin die Trauer als einen vom alltäglichen Lebensverhalten abweichenden, aber normalen Zustand. Die Symptome der Melancholie – heute als Depression bezeichnet – sind wie diejenigen der Trauer, zusätzlich aber durch eine starke Störung des Selbstwertgefühls gekennzeichnet.

In der Fachliteratur begegnet man heute zwei unterschiedlich gefassten Begriffen der Trauer. Im engeren Sinn wird Trauer als Reaktion auf den Verlust eines nahe stehenden Menschen verstanden; im weiteren Sinn wird auch die Verarbeitung der Trennung nach einer Scheidung, der Verlust körperlicher Unversehrtheit im Alter sowie die Bewältigung chronischer Krankheiten oder der Ablösungsprozess der Kinder vom Elternhaus darunter gefasst. Diese weitgefasste Definition von Trauer verweist darauf, wie allgegenwärtig der Prozess der inneren Loslösung von einer Person oder einer Sache ist, an der man hängt, die aber real nicht mehr existiert oder erhältlich ist.

Freuds klassische Definition, wonach Trauer die regelmäßige Reaktion auf den Verlust einer geliebten Person, einer Sache oder einer Idee ist, erlaubte es, die Vorstellung von Trauer zu erweitern.

Freud erkannte, dass Trauernde aktiven Widerstand gegen die Realität des Todes leisten und nannte diesen Prozess *Trauerarbeit.* Die Psychotherapeutin und Autorin Verena Kast, die sich intensiv mit dem Thema Trauer befasste, beschreibt die Gefühlswelt, die Träume, Visionen oder imaginären Zwiegespräche ihrer Patientinnen und Patienten – wie schon zuvor Freud – als »allgemein beobachtbar«, als eine normale Reaktion.

Was aber versteht man unter »normaler Reaktion«, der Trauerarbeit oder dem Trauerprozess? Was sagen die wichtigsten Trauerforscher dazu?

Der Psychiater und Trauerforscher John Bowlby geht vom Grundgedanken Freuds aus. Mittelpunkt von Bowlbys empirischen Studien waren ein- bis dreijährige Kinder, die in Heimen aufwuchsen oder von wechselnden Personen betreut wurden, weil sie über längere Zeit hospitalisiert waren. Nach Bowlby durchläuft das Kind nach einer Trennung von der Mutterfigur drei klar abgegrenzte Phasen der Trauer, die er als *Protest, Verzweiflung* und *Loslösung* bezeichnet. Diese Reaktionsmuster sind nach Bowlby auch charakteristisch für alle Formen der Trauer bei Erwachsenen.

In den ersten Tagen nach der Trennung schreit das Kind in der Hoffnung und Erwartung, dass die Mutter oder Bezugsperson wieder zurückkehrt. Es gibt sie nicht leichtfertig auf, sondern sucht sie verzweifelt. Jedes Gesicht, das ähnlich erscheint, alles, was an sie erinnert, wird zur lebendigen Fantasiefigur, bis die »Realitätsprüfung« die Illusion entlarvt. Später wird es ruhiger, sehnt sich immer noch nach dem Elternteil, aber die Hoffnung schwindet: Es ist verzweifelt. Bowlby nennt diesen Zustand der unsäglichen Qual *Kummer.* In Unkenntnis des Todes und in vollkommener Unfähigkeit, dieses Verlustgefühl zu ertragen, erscheint dem Kind die Abwesenheit des Elternteils als endgültig. In dieser Phase der Loslösung hat die verlorene Person es scheinbar vergessen. Kehrt die Mutter zurück, reagiert es zuerst kühl auf Grund der schmerzhaften Erfahrung. In diesem Verhalten sieht Bowlby seine Theorie bestätigt, wonach sich das Kind erste Anlagen zur »Selbstgenügsamkeit« und »überbetonten Autonomie« aufbaut. Abhängig davon, in welcher Phase das Kind nach Hause zurückkehrt, dauert die Teilnahmslosigkeit an. Alle drei Phasen sind begleitet von Wutanfällen und destruktivem Verhalten, das der Mutterfigur gilt, aber nicht direkt gegen sie gerichtet sein muss. Diese Verhaltensmuster, sowohl beim Kleinkind wie auch beim Erwachsenen, dienen als Appell an die Bindungsbereitschaft der Bezugspersonen (Eltern, Verwandte, Partner, Freunde). Trauerreaktionen versteht der Autor als Anpassung des Individuums an seine Umwelt. Gelingt dieser adaptive Mechanismus nicht, beispielsweise als Folge einer zu abrupten oder traumatischen Trennung des Kindes von der Bezugsperson, kann sich dies als Depression im Jugend- und Erwachsenenalter äußern.

Die Entbehrung der »Mutterfigur« in frühester Kindheit prägt demnach das spätere Trauerverhalten. Der Autor führt aber aus, dass die Qualität der Bindung vor dem Verlust wesentlich für den Prozess des Trauerns ist. Wie eine schwach ausgeprägte Beziehung, so kann auch eine zu intensive Beziehung die Bewältigung des Verlustes erschweren.

Verschiedene Autorinnen und Autoren haben Bowlbys Beschreibung des Trauerprozesses ausgearbeitet und als Phasenmodelle mit unterschiedlich vielen, aber deutlich abgegrenzten

Stadien der Trauerarbeit beschrieben. Sie gehen von der Idee aus, dass Trauer ein Ausnahmezustand ist, der sich bei normalem Verlauf und unterschiedlich langer Dauer wieder dem Verhalten vor dem Verlust annähert.

Verena Kast beschreibt Trauer als »die Emotion, durch die wir Abschied nehmen, Probleme der zerbrochenen Beziehung aufarbeiten und soviel als möglich von der Beziehung und von den Eigenheiten des Partners integrieren können, sodass wir mit neuem Selbst- und Weltverständnis weiterzuleben vermögen.« Auf körperlicher und seelischer Ebene erleben Hinterbliebene traumatische Zustände. Die Bandbreite dieses Gefühlschaos ist immens: Erstarrung, Nicht-wahrhaben-Wollen, Angst, Verzweiflung, Erleichterung, Zorn, Ärger, Schuldgefühle, Sehnsucht, Visionen, intensive Träume, sozialer Rückzug, Apathie, Schlafstörungen, Appetitlosigkeit, Schlaflosigkeit, Konzentrationsschwierigkeiten, Drogen- und Alkoholmissbrauch sind häufig beobachtete Reaktionen auf den Verlust einer geliebten Person.

Kast unterscheidet auf Grund ihrer langjährigen therapeutischen Erfahrung vier Phasen der Trauerarbeit. Die erste Phase, entsprechend Bowlbys Reaktion der Auflehnung, nennt sie *Phase des Nicht-wahrhaben-Wollens.* Das Verlusterlebnis überwältigt; die Psyche reagiert mit Empfindungslosigkeit, im Traum erscheint der Tote zwar als lebendig, oft aber auch im »Abreisen« begriffen – ein Hinweis des Unterbewusstseins an die Trauernden, den Verlust zu akzeptieren.

Der Freund einer Studentin erschoss sich nach dem ersten Streit in ihrer noch jungen Freundschaft: »Ich kann mich nicht an die ersten zwei Wochen nach der Tat erinnern, alles ist weg. Der Schock versetzte mich überhaupt in eine andere Welt. Ich funktionierte einfach. Man versteht nichts und lebt von der Hoffnung, dass die verlorene Person wiederkommt. Und dann weiß man, dass sie nie mehr da sein wird. Nach einem solchen Erlebnis ist das Leben an einem Nullpunkt und erscheint nicht mehr lebenswert.«

Diese Erstarrung erklärt auch die stoische Ruhe, mit der manche Hinterbliebene die Formalitäten für die Verstorbenen erledigen. Eine Frau, der die Polizei um Mitternacht mitgeteilt hatte, dass sich ihr Mann vor einen Zug geworfen hatte, legte sich aufs Bett und wartete den Morgen ab, bis sie zum Telefonhörer griff: »Die Mitteilung war kurz, ich sagte allen dieselben zwei Sätze: ›Es ist etwas ganz Schlimmes passiert, mein Mann hat sich das Leben genommen‹, und hängte den Hörer auf.«

In dieser Phase ist häufig die Flucht in Geschäftigkeit zu beobachten. Betroffene berichten, wie sie ohne Unterbrechung während Tagen arbeiteten, die Todesanzeige aufsetzten, auf das Bestattungsamt gingen, mit dem Pfarrer sprachen und alle Angehörigen zur Beerdigung einluden. Oft räumen sie kurze Zeit später das Zimmer des oder der Verstorbenen und trennen sich von den persönlichen Gegenständen. Eine Mutter füllte die meisten Sachen ihres verstorbenen Sohnes in Kehrrichteimer, einiges verschenkte sie oder gab es an karitative Organisationen weiter. Sie fühlte sich wie eine Maschine, die nur zu funktionieren hat. Über den Suizid verlor sie kein Wort. Um den Tod ihres Sohnes benennen zu können, benötigte sie Monate. »Schlimm sind die Nächte, in denen es absolut nichts zu tun gibt, niemand anwesend ist, die Stille erdrückt und unerklärliche Angstgefühle im Innern aufstoßen.« Von Schlafstörungen berichten die meisten Hinterbliebenen. Träume bringen die Toten in die Gegenwart zurück, und die Trennung von der gespenstisch realistisch erlebten Person im Traum ist schmerzhaft beim Aufwachen. Erneutes Einschlafen ist dann vielfach nicht mehr möglich.

Die Tat des Suizids offen auszusprechen oder jemandem mitzuteilen, fällt allen Hinterbliebenen schwer. Mit »was sie getan hat« wird die Selbsttötung vielleicht umschrieben. Das Ungeheuerliche nicht auszusprechen, ist ein verzweifelter Versuch, die Tat ungeschehen zu machen, will andeuten, dass »es« nicht akzeptiert werden kann. Zahlreiche Hinterbliebene klagen später, dass es ihnen nicht möglich war, die Leiche zu sehen, sei es, weil sie sich außer Stande fühlten oder weil ihnen so geraten wurde. Der Gedanke, die verstorbene Person als lebendig, gesund und unversehrt in Erinnerung zu behalten, kann Hinterbliebene davon abhalten, sich mit dem Anblick des oft entstellten Körpers zu konfrontieren. Diese Strategie ermöglicht es, das Schreckliche nie ganz als wahr anerkennen zu müssen. Das gibt Raum für Fantasien wie: »Vielleicht handelt es sich nur um eine grauenhafte Verwechslung« oder: »Vielleicht ist mein Kind nur für eine Zeit lang untergetaucht!«

Eine Mutter berichtet: »Wir waren abwesend, als ›es‹ geschah. Der ältere Sohn holte uns vom Bahnhof ab. Er hatte veranlasst, dass sein Bruder von der Leichenhalle an unseren Wohnort transportiert wurde, damit auch wir Abschied nehmen konnten. Vermutlich hätte ich es gar nicht geglaubt, wenn ich den Toten nicht mit eigenen Augen gesehen hätte. Die Frage, ob auch wirklich das eigene Kind im Sarg lag, taucht sonst mit Sicherheit später auf. Es braucht nur eine Hand oder ein Fuß als Bestätigung, eine Mutter erkennt ihr Kind mit Bestimmtheit wieder.«

Der Reaktion »das kann nicht wahr sein« folgen bald die Gedanken »wenn ich nur«, oder »wären wir gestern doch«. Die folgende *Phase der aufbrechenden Emotionen* ist gekennzeichnet durch Wut- und Zornausbrüche, Angstzustände und stille Trauer, die einander abwechseln: Die Erstarrung bricht auf.

»Ich war nicht mehr ich selbst, brach in den unpassendsten Momenten in Weinkrämpfe aus und konnte mich nicht mehr beruhigen. Das Haus zu verlassen erforderte größte Überwindung, der Arbeitsweg wurde zum Spießrutenlauf. Ich hatte Angst vor dem Schlafen und fürchtete das Aufwachen. Doch neben Schmerz und Verzweiflung waren die Schuldgefühle das Schlimmste«, fasst ein Mitglied einer Selbsthilfegruppe seine Gefühle zusammen. Schuldgefühle, immer wieder. Weshalb habe ich nicht erkannt, dass die Tochter am Leben verzweifelte, weshalb habe ich auch die fünfte Drohung meines Mannes nicht ernst genommen, weshalb der Vorahnung nicht nachgegeben, weshalb …

Schuldgefühle und quälende Selbstvorwürfe treten häufig dann auf, wenn vorausgegangene Konfliktsituationen mit dem Verstorbenen nicht besprochen oder vor dem Tod geklärt werden konnten. Nicht nur Selbstzerfleischung, auch nach außen gerichtete Aggressionen gegen alles und jeden erleben Betroffene. »Ich hatte eine Wut gegen seine Arbeitskollegen, gegen seinen Vorgesetzten, gegen meine Verwandten, vor allem gegen die Gesellschaft, die so viele Menschen an ihren Zwängen zerbrechen lässt«, erinnert sich die Witwe, deren Mann sich nach 37-jähriger Dienstzeit am Arbeitsplatz erschoss, nachdem ihm mitgeteilt worden war, dass seine Arbeitskraft nicht mehr gebraucht werde.

In den meisten Fällen ist der Tod das natürliche Ende eines langen Menschenlebens oder die Folge einer unheilbaren Krankheit. In diesem Fall können sich Angehörige mit dem bevorstehenden Tod auseinander setzen. Handelt es sich aber um einen plötzlichen oder gewaltsamen Tod, ist diese Hilfe der Verlustverarbeitung nicht möglich. Die Mehrzahl der Angehörigen, die jemanden durch Suizid verloren haben, wird stattdessen mit der Frage konfrontiert, warum der Verstorbene auf diese »unnatürliche« Weise starb. Und vielfach stellt sich erst nach langer Zeit die Erkenntnis ein, dass die Gründe, weshalb jemand nicht mehr leben wollte, nie nachvollziehbar sein werden. Nur sehr selten gibt es eine rationale Erklärung für einen Suizid. Viele Menschen nehmen sich das Leben während einer schweren psychischen Erkrankung, aber nicht alle. Ob die Tat nun Folge einer Psychose ist oder ob ein seelisch gesunder Mensch des Lebens überdrüssig wurde: Ein Suizid ist eine Verzweiflungstat, die man nur schwer erfassen kann.

Die dritte *Phase des Suchens und Sich-Trennens* äußert sich nach Kast durch innere Zwiegespräche, in denen das äußere Finden (Aufsuchen von gemeinsamen Orten, Verrichten von Dingen, die der Verstorbene gerne tat) beim normalen Trauerverlauf allmählich zum inneren Finden von Werten führt, Werte, die während der Beziehung entstanden und aufgebaut wurden und die nun als eigene Möglichkeiten genutzt werden können. Im Umfeld des Verstorbenen suchen Angehörige die verlorene Nähe, imitieren vielleicht Eigenheiten des Verstorbenen oder sehen beispielsweise Ähnlichkeiten des Verstorbenen in anderen

Personen und wiederholen damit das Leiden des Verlusts. Jedes Erlebnis, das Erinnerungen an den Toten wachruft, löst erneut ein Chaos der Gefühle aus. Das Suchen zwingt Hinterbliebene, sich immer wieder mit dem Verstorbenen auseinander zu setzen und Fähigkeiten und Stärken, die an den Verstorbenen delegiert wurden, wieder zurückzunehmen.

Eine Mutter erzählt, wie sie das Zimmer ihres Sohnes nach seinem Tod genau so beließ, wie er es verlassen hatte. In diesem Raum fühlte sie sich ihm am nächsten, dort lebte er weiter. Es war der Ort, an den sie sich zurückzog, um ihrem Sohn nahe zu sein. »Wie sehr ich ihn vermisste, realisierte ich viel später. Ich habe noch Monate lang für mein Kind eingekauft, sein Gedeck auf den Esstisch gelegt und die Nahrungsmittel einfach verrotten lassen. Ich habe ihm regelmäßig ein Automobilmagazin nach Hause gebracht. Er war allgegenwärtig. Richtig vermisse ich ihn erst jetzt. Nun sehe ich plötzlich junge Männer, die ihm gleichen. Das Gefühl des Verlustes kommt erst mit der Zeit, mit dem allmählichen Bewusstsein, dass er nicht mehr zurückkommt.«

Der Prozess der Ablösung ist besonders schwierig, wenn der Trauernde sich stark mit der verstorbenen Person identifizierte oder wenn der Verlust nicht als endgültig verstanden werden muss (z. B. bei Vermissten). Der Gedanke, dass nur der eigene Tod den Trennungsschmerz mildert, drängt sich bei vielen Hinterbliebenen auf. Wie bereits erwähnt, ist die Suizidgefahr für Angehörige, die jemanden durch Selbsttötung verloren haben, während des ersten Jahres der Trauer um ein Vielfaches höher. »Die Vorstellung, dass meine Kopfschmerzen von einem Hirntumor herrührten und dass mein baldiges Ende sicher war, tröstete mich. Wenigstens konnte ich für ein Mal mich selbst beklagen«, erinnert sich eine »überlebende« Partnerin. Mit dem abrupten Tod eines vertrauten Menschen wird Wahres falsch und Falsches scheint plötzlich richtig. Der Wunsch zu sterben entsteht aus einer Müdigkeit, neue Weltbilder schaffen zu müssen. Wer einen Verlust bewältigen muss, kann vielleicht verstehen, wie viel Energie es braucht, um neu zu beginnen. »Als sich mein Freund umbrachte, fand ich es plötzlich legitim, mit dieser beschissenen Welt abzurechnen, und begann mich damit zu beschäftigen, wie ich mir selber das Leben nehmen könnte.«

In der nächsten Phase tritt der *neue Selbst- und Weltbezug* ein, wenn »nicht mehr das gesamte Sinnen und die gesamte Fantasie den Trauernden beansprucht«. Der Verlust kann akzeptiert werden, ohne dass die Verstorbenen dabei vergessen werden. Der Hinterbliebene distanziert sich von Bezugspersonen, die ihn während der Trauerzeit betreuten, und wendet sich neuen Lebensmustern und neuen Beziehungen zu. Erst sind es nur Minuten, dann Stunden, in denen Trauernde plötzlich erkennen, dass sie sich während dieser Zeitspanne mit etwas anderem als mit dem Suizid beschäftigten. Helga Ide schrieb 1992 im Bericht über die Verarbeitung des selbst gewählten Todes ihres Sohnes: »Ich bemerkte nach einiger Zeit, dass ich – sehr langsam, aber deutlich – immer besser und sicherer mit meiner Behinderung durch die Trauer umzugehen lernte. Dass sich diese Behinderung – auch sehr langsam, aber spürbar – verringerte.« Die eigentliche Trauerarbeit, wie sie von Freud beschrieben wird und die bei Kast die beiden letzten Phasen umfasst, kann Monate oder sogar Jahre dauern.

In allen Gesellschaften wird Trauernden eine bestimmte Zeit des Rückzugs zugestanden, um sie während der Verlustverarbeitung von ihren Alltagspflichten zu entlasten. Totenrituale und Zeremonien legitimieren den Sonderstatus der Trauernden während Wochen oder Monaten. Was unter angemessener Trauerzeit verstanden wird, ist von Kultur zu Kultur unterschiedlich. Die zeitlich tolerierten Freiräume für Trauernde in unserer Gesellschaft sind vergleichsweise kurz und werden der Tatsache, dass Trauerarbeit individuell unterschiedlich lange dauert, nicht gerecht.

Trauernde sehen sich in ein Gefühlsbad getaucht, dessen Ausmaß vielfach Beruf und Alltag beeinträchtigt. Das Immunsystem kann geschwächt werden; körperliche Beschwerden begleiten die Trauer. Die vorzeitige Aufnahme sozialer Verpflichtungen nach einem Verlusterlebnis kann daher die Grenzen der Belastbarkeit überschreiten.

Trauern beruht auf der menschlichen Fähigkeit, persönliche Bindungen aufzubauen. Der Verlust einer solchen Bindung löst psychische und physische Schmerzen aus. Je nach Lebensgeschichte und Beziehungsstruktur zwischen Verstorbenen und Hinterbliebenen verlangt der Verlust eine Neuorientierung oder stellt die eigene Existenz in Frage. Der Tod eines geliebten Menschen rüttelt an unserem gesamten Welt- und Selbstverständnis. Zugleich ist der Tod einer nahe stehenden Person – wie alle Veränderungen im Leben – eine große Herausforderung zur Selbstverwirklichung. Bei einem normal verlaufenden Trauerprozess verändert sich das Selbstbewusstsein, indem die Erfahrungen und Eigenarten der verlorenen Beziehung ins Leben der Zurückgebliebenen als Bereicherungen eingebettet werden. So stellt Helga Ide nach langen Monaten erstaunt fest, »… dass sich meine alte Belastbarkeit zwar noch nicht wieder eingestellt hatte, dass ich aber in meiner Arbeit sensibler geworden war. Menschlicher. Mit mehr Verständnis meinen Mitmenschen gegenüber. Ich erkannte Leid eher. Verstand jetzt mehr von der Abhängigkeit von Leistung und persönlichem Empfinden. Durch Kais Tod hatte ich in meiner Art zu arbeiten nicht nur verloren und nachgelassen, ich hatte auch hinzugewonnen. Das konnte ich erst schwer glauben, noch schwerer hinnehmen. Aber es war wahr.«

10. Wenn die Trauer unterdrückt wird

Trauerarbeit bedeutet zu lernen, den Verlust zu akzeptieren und zu verstehen, was dieser Tod für das eigene Leben bedeutet. Erst dann ist es möglich, sich mit neuer Energie wieder der Welt und dem Leben zuzuwenden. Der Psychologe Jorgos Canacakis engagiert sich seit Jahren in Seminaren und Büchern für das bewusste Erleben der Trauer und betont, wie wichtig es für uns alle ist, die Fähigkeit zur Trauer wieder zu lernen: »Trauer ist eine natürliche Antwort, die genetische Ausrüstung unseres Organismus auf Verlust. Unbetrauerter Verlust verhindert neues Leben.« Canacakis hält Trauer in unserer Kultur für besonders schwierig: »In Gesellschaften, in denen Profit, Konsum und Materielles den Vorrang vor Menschlichkeit, Umwelt und Solidarität beanspruchen, wo Jugend, Schönheit und permanente Gesundheit bis zum Exzess propagiert werden, um Alter, Krankheit, Behinderung und das Sterben mit allen Mitteln zum Verschwinden zu bringen, ist Trauer fehl am Platz.«

Da Trauern ein sehr schwieriger seelischer Prozess ist, können Komplikationen auftreten. Eine der häufigsten Folgen von nicht oder ungenügend zugelassener Trauer sind depressive Verstimmungen. Angehörige bestätigen diese Schwierigkeiten, wenn sie von ihrer Hilflosigkeit erzählen, sich im Leben wieder zurechtzufinden, und über ihre Probleme mit der Trauer berichten. Unfähigkeit zu trauern, verzögerte oder über Jahre fortgesetzte Trauer, die Beeinträchtigung von lebenswichtigen Beziehungen zu Ehepartnern, Kindern, Geschwistern, Eltern und die daraus entstehende Verzweiflung zeigen, wie schwierig es ist, der Trauer ihren angemessenen Raum und die nötige Zeit zu geben.

Bei einem Suizid wird die Trauerarbeit zusätzlich durch gesellschaftliche, religiöse und persönliche Aspekte erschwert. Die Gefahr, dass die Verarbeitung nur schleppend oder bruchstückhaft vollzogen wird, ist deshalb groß. Die Plötzlichkeit und Nicht-Nachvollziehbarkeit eines Suizids kann die Verarbeitungsfähigkeit eines Menschen überfordern. Der Trauernde befindet sich in einem emotionalen und physischen Schockzustand, der während längerer Zeit anhält.

Folgende Faktoren erschweren die Trauer nach einem Suizid:

- Der plötzliche Tod kann zur Folge haben, dass Trauernde gefühlsmäßig viel stärker reagieren. Große Wut, Zwiespältigkeit, Schuld, Hilflosigkeit, Todesangst, Verletzlichkeit, Verwirrung, Unordnung und Besessenheit verweisen auf das starke Bedürfnis, den Sinn dieses Todes zu verstehen und Schuldige zu finden, die für den Tod verantwortlich sind.
- Dem Suizid folgt eine Anzahl von wichtigen sekundären Verlusten auf Grund mangelnder Voraussicht (z.B. Verlust des Hauses auf Grund fehlender finanzieller Vorsorge).
- Der plötzliche Tod kann zu posttraumatischen Stressreaktionen führen (z.B. wiederholte Störungen durch traumatische Erinnerungen, reduzierte Aufnahmebereitschaft, erhöhte physische Erregbarkeit).
- Symptome der akuten Trauer sowie des psychischen und physischen Schocks halten längere Zeit an, da es vor dem Tod keine Möglichkeit mehr gab, sich zu verabschieden und unerledigte Dinge mit dem Verstorbenen zu Ende zu bringen.
- Der Verlust scheint sinnlos, kann nicht verstanden und deshalb nur schwer verarbeitet werden.
- Der Trauernde rekonstruiert wie besessen die Ereignisse um den Suizid, um den Tod wenigstens rückblickend zu verstehen.
- Der Trauernde neigt dazu, die Zeit unmittelbar vor dem Tod übermäßig zu betonen und dort auch die Gründe für die Verzweiflungstat zu suchen. Verantwortlichkeitsgefühle Hinterbliebener, die aufgrund der jüngsten Erinnerungen entstehen, werden der Suizidproblematik des Verstorbenen kaum gerecht. Sie führen zu überhöhten Selbstvorwürfen bei den Angehörigen.

- Das Weltbild ist ohne Vorwarnung gewaltsam zerstört worden. Positive Grundhaltungen wie das Vertrauen in eine Zukunft oder die Vorstellungen über den Sinn des Lebens stellen Hinterbliebene plötzlich in Frage. Sie reagieren mit Angst und Kontrollverlust.

Phasenmodelle wie das von Verena Kast eignen sich nicht nur zur Standortbestimmung der einzelnen Trauernden, sondern auch zur Diagnose eines ungünstig verlaufenden Trauerprozesses.

Wie die Psychologin erwähnt, gilt es in unserer Gesellschaft als Stärke, Trauer möglichst schnell zu überwinden. Dieser Anspruch verleitet dazu, Trauergefühle zu verdrängen und den Trauerprozess nicht abzuschließen. Vielfach entstehen so Probleme in der ersten Trauerphase bei so genannten »tapferen« Menschen, die Trauer durch Geschäftigkeit umgehen, aus Angst, die Unabhängigkeit und Kontrolle zu verlieren. Schuldgefühle, nach einem Suizid sehr typisch, können bewirken, dass Trauernde in der zweiten Phase festgehalten werden. Das Verdrängen oder exzessive Ausleben der Trauer, aber auch das Verharren in einer bestimmten Phase behindert eine Weiterentwicklung der Persönlichkeit und beeinträchtigt insbesondere die Auseinandersetzung mit späteren Verlusten. In Situationen, die mit dem einschneidenden Erlebnis verknüpft werden, kann die nicht ausreichend geleistete Trauerarbeit Depressionen auslösen. Personen, die während der Kindheit oder Adoleszenz einen Elternteil verloren haben, tragen ein größeres Risiko, eine psychische Störung zu entwickeln. Früh erlittener Verlust, sei es durch Tod oder Trennung, sensibilisiert viele Menschen für spätere Rückschläge oder drohende Verluste. Wie stark diese Verletzlichkeit sein kann, hängt von verschiedenen Umständen ab. Dazu gehören:

1. soziale Faktoren (vorhandene bzw. fehlende Gesprächspartnerinnen und -partner, Schuldgefühle, Tabusituationen wie nach einem Suizid)

2. Beziehungen zwischen Trauernden und Verstorbenen (abhängige, narzisstische oder ambivalente Beziehung)
3. die Begleitumstände des Todes (unerwartet, ungesichert oder mehrere Tote zugleich)
4. die Lebensgeschichten der Trauernden (wiederholte Trauererlebnisse)

So bringt jede Trauerphase ihre spezifischen Bewältigungsprobleme mit sich. Eine nicht angemessene Trauerreaktion kann in späteren Belastungssituationen – bildlich ausgedrückt als eine durch die Lebensgeschichte mitgetragene Hypothek – übertriebene Angst oder Hemmung auslösen.

Die Trauer um einen geliebten Menschen ist also von verschiedenen Faktoren abhängig. Eine wichtige Rolle spielen die Art der Beziehung zum Verstorbenen, die Unterstützung und Hilfe, welche die Angehörigen erhalten – und die Todesursache. Psychiater in den USA führten seit Anfang der 70er-Jahre zahlreiche Untersuchungen durch, die zeigen, dass Menschen, die eine geliebte Person durch Suizid verlieren, die Trauer schwerer und komplizierter erleben als bei Krankheit oder Unfall. Drei Aspekte sind von besonderer Bedeutung: die Haltung von Außenstehenden gegenüber der Tragödie, die Reaktion der Angehörigen selbst und die Betreuung der Hinterbliebenen nach dem Suizid.

Angehörige eines Menschen, der sich das Leben nahm, werden gemäß einer Studie, über die wir weiter oben schon geschrieben haben, von Außenstehenden negativer eingeschätzt als andere Trauernde. Wie aber sehen sie sich selbst? Untersuchungen zeigen drei Hauptmerkmale, die sie von anderen Trauernden unterscheiden: Sie haben stärkere Schuldgefühle, sie erhalten weniger Unterstützung und Trost von Außenstehenden und sie haben ein viel stärkeres Bedürfnis zu verstehen, weshalb der geliebte Mensch starb. Hinzu kommt, dass sich Qualität und Dauer der Trauer unterscheiden: Die Angehörigen suchen länger und intensiver nach den Gründen für den Tod, sie verheimlichen die Todesursache häufiger oder machen falsche Angaben, sie fühlen sich vom Verstorbenen häufiger abgelehnt und sie stellen sich häufiger religiöse Fragen. Handelte es sich um einen Blutsverwandten, befürchten die Hinterbliebenen, dass sie durch Vererbung für Suizid ebenfalls anfällig sind. In einer wissenschaftlichen Befragung erklärten Angehörige, sie fühlten sich allein gelassen und Außenstehende zeigten wenig Anteilnahme und Unterstützung und verhielten sich ablehnend. Gleich dem Suizidenten stigmatisiert die Gesellschaft die Angehörigen: Ihnen wird unterstellt, psychisch kränker, weniger liebenswürdig, schuldiger, beschämter, psychisch behandlungsbedürftiger und depressiver zu sein als andere Trauernde.

Depression ist bei Hinterbliebenen eine meist vorübergehende Folge des Suizids. Das gängige medizinische Verständnis stellt Depression als einen psychischen, sozialen oder biologischen Mangel dar. Daniel Hell, ärztlicher Direktor der Psychiatrischen Universitätsklinik Zürich, setzt anstelle eines pathologischen Depressionsverständnisses die Frage, wie der Mensch als eigenständiger Organismus in einer lebensbedrohlichen Situation reagiert und sich neu organisiert. Damit versieht er das Leiden mit einem positiven Vorzeichen. Er deutet Depression als eine angepasste, menschliche Reaktion auf eine innere oder äußere Problematik, als letzten Ausweg aus einer verzweifelten Situation, sodass »depressives Geschehen ein biosoziales Muster darstellt, das den meisten Menschen in Not zur Verfügung steht«. Das bedeutet, dass allen Menschen eine unterschiedlich ausgeprägte Anlage zur Depression mitgegeben ist.

Die Häufigkeit depressiver Erkrankungen, ihre Selbstheilungstendenz und die fließenden Übergänge zwischen normalem und depressivem Erleben machen es allerdings schwierig, die Grenzen zwischen gesund und krank, depressiv und nicht-depressiv zu ziehen.

Trauer wie Depression liegen die gleichen Gefühle zu Grunde. Die Auswirkungen aber werden auf bewusster und emotionaler Ebene unterschiedlich gewertet und verarbeitet. Sowohl Trauernde wie Depressive setzen sich mit zurückliegenden Verlusterlebnissen auseinander. Der Unterschied ist, dass Trauernde den Verlust anerkennen und Abschied nehmen, während Depressive »wissende« Trauer nicht zulassen können und sich am Verlorenen festklammern. Die beiden Gefühlszustände stehen für Hell in einem wechselseitigen Verhältnis: »Wo echte Trauer vorliegt, ist depressives Erleben fern. Wo schwere Depression einen Menschen blockiert, ist aktives Trauern vorerst unmöglich.«

Im Gegensatz zur psychoanalytischen Lehrmeinung, wonach sich bei Depressiven Wut und Angstgefühle gegenseitig blockieren und den normalen Trauerprozess verhindern, versucht Hell die These »der Depression als nicht zugelassene Trauer« mit vier Argumenten zu untermauern:

1. Körpersprachliche Ausdrucksmuster in Verlustsituationen sind bei Tier und Mensch analog. Sowohl Tiere wie Menschen reagieren bei Verlustsituationen auf der primär-affektiven Ebene mit körperlicher Erstarrung (unterwürfiges Verhalten, verlangsamte und einfache Bewegungsmuster).
2. Depressive Menschen drücken in Mimik und Gestik Gefühle der Trauer aus, die manchmal von Wut und Zorn überdeckt sind.
3. Anhand der Spektralanalyse von Hirnstrombildern konnte den Grundgefühlen wie Trauer, Wut oder Angst je ein eigenes Muster zugeordnet werden. Depressive Menschen weisen im Hirnstrombild das Muster der Trauer auf.
4. Depressionen treten in nicht-westlichen Kulturkreisen seltener auf und werden weniger im psychischen Überbau, sondern leibhafter (Erschöpfungsdepression analog zum Totstellreflex) erlebt. Im Gegenzug sind offen geäußerte Trauerreaktionen häufiger.

In der Annahme, dass Depression zwar feindselig wirkt, im Grunde aber eine reflexhafte und schützende Abwehrleistung darstellt, wird der Botschaftscharakter des Leidens zentral. Die eingeschränkte Beziehungsfähigkeit der Depressiven lässt die Zuwendung von außen oft ohne Resonanz verklingen, da schwere Enttäuschungen emotionalen Widerstand als tief verankertes Reaktionsmuster entstehen ließen. Nur der Weg der kleinen Schritte und geduldige Anteilnahme kann depressive Entfremdung auflösen.

Der Arzt Asmus Finzen befragte in der Psychiatrischen Universitätsklinik Basel Angehörige von Patienten, die Suizid begangen hatten, nach ihren Bedürfnissen. Laut den Berichten einiger Angehöriger sollte das erste Ziel nicht sein, ihnen eine Psychotherapie zu empfehlen, sondern ihnen eine Gesprächsmöglichkeit zu eröffnen, in der Schuldgefühle, mögliches Versagen und Zweifel geäußert werden können. Hierfür bietet sich in der Regel der oder die letzte Behandelnde des Verstorbenen an oder die langjährige Psychotherapeutin oder der Hausarzt. Außerdem ist es wichtig, den bisherigen Lebensrhythmus, wann immer möglich, nicht zu unterbrechen, sich nicht von anderen zurückziehen und bis zur Phase der Neuorientierung das bisherige Leben fortzusetzen, auch wenn dies nur mit Mühe und »mechanisch« gelingt. Wiederholt berichteten Angehörige, dass sie sich in Selbsthilfegruppen eher verstanden fühlten als in einer psychotherapeutischen Praxis, wo es sehr schnell um die Behandlung bestimmter Störungen ging.

Trauern ist immer ein individueller Prozess. Die Dauer der verschiedenen Trauerphasen ist deshalb unterschiedlich lang. Die Frage, was mit der Hinterlassenschaft der verstorbenen Person geschehen soll, kann morgen, vielleicht erst in Jahren entschieden werden. Zornausbrüche, ja gar Zerstörungslust oder Arbeitswut sind normale Reaktionen: Ein Vater trauert wirklich um seinen Sohn, auch wenn er bereits nach einer Woche seine gewohnte Arbeit aufnimmt, sogar noch mehr arbeitet als zuvor. Die Unfähigkeit, über Wochen und Monate nichts anderes zu denken als über den Suizid, Visionen und vermeintliche Begegnungen mit den Verstorbenen sind nicht Zeichen von Wahnsinn, sondern bekannte und übliche Reaktionen auf einen abrupten Verlust.

Wesentlich bei der Verarbeitung des Verlustes ist es, auf die innere Stimme zu hören. Auch eine Depression hat ihre Berechtigung und ihren Sinn. C. G. Jung soll Folgendes gesagt haben: »Die Depression ist gleich einer Dame in Schwarz. Tritt sie auf, so weise sie nicht weg, sondern bitte sie als Gast zu Tische und höre, was sie zu sagen hat.«

Dieses moderate Depressionsverständnis darf nicht darüber hinwegtäuschen, dass es in bestimmten Situationen für Hinterbliebene sinnvoll ist, professionelle Hilfe in Anspruch zu nehmen. Auch das Gespräch, ob im freundschaftlichen Rahmen oder in der Selbsthilfegruppe, bringt in den meisten Fällen Erleichterung. Trotzdem kann es geschehen, dass Lebensumstände und Selbstdisziplin Hinterbliebene an der Trauer hindern oder der Verlust als so unerträglich empfunden wird, dass sie aus der Trauer nicht mehr herausfinden.

Die Psyche reagiert manchmal Jahre nach dem Verlust eines geliebten Menschen mit unerklärlichen körperlichen Beschwerden. Die Unfähigkeit, auch Jahre nach dem Tod eines nahe Stehenden die Lebenslust wieder zu finden oder im Vergleich zur Zeit vor dem Suizid anhaltender Leistungsmangel in der Schule oder am Arbeitsplatz sind weitere Beispiele von Symptomen, die auf einen ungünstigen Verlauf der Trauer hinweisen und nach psychologischer Unterstützung verlangen. Viele Menschen, die professionelle Lebenshilfe suchen, realisieren oft erst während der Therapie, dass ihre Schwierigkeiten mit einem Menschen zusammenhängen, den sie verloren haben. Das Gespräch mit einer Fachperson, die mit der Verlustproblematik vertraut ist, kann Trauerblockaden lösen und den Trauerprozess wieder in Gang setzen. Trauernden, die schon als Kind auf Verlusterlebnisse sensibilisiert worden sind, fällt die Verarbeitung des Suizids noch schwerer. Hier kann therapeutische Hilfe den Weg aus der Depression ebnen.

11. Auch der Volksmund kann sich irren: Behauptungen und Fakten zum Suizid

Es ist nahe liegend, dass nach einem Suizid das Bedürfnis groß ist, die unfassbare Tat sowohl wissenschaftlich wie auch populär zu erklären. Liebeskummer, Arbeitslosigkeit, Leistungsstress in der Schule, Feigheit oder Bilanz eines gescheiterten Lebens sind gängige Erklärungen. Diese Faktoren können zwar in gewissen Fällen durchaus mitbestimmend gewesen sein, als alleinige Begründung für einen Suizid bleiben sie jedoch immer unbefriedigend – umso mehr, als sich nur ein Bruchteil aller Verzweifelten in einer ähnlich ausweglosen Situation tatsächlich das Leben nimmt. Die Suizidforschung – Psychologen, Soziologen und Mediziner, die sich mit dem Phänomen beschäftigen – sammelt Daten und Fakten, um Zusammenhänge aufzudecken und genauere Erklärungen zu finden. Die wichtigsten Ergebnisse der europäischen Forschung wollen wir hier darstellen.

Epidemiologie nennt sich die medizinische Fachrichtung, welche die Entstehung, Verbreitung und Bekämpfung von Krankheiten erforscht. Medizinisch gesehen ist der Suizid meist die Folge der Krankheit Depression, deshalb beschäftigt sich die Epidemiologie mit diesem Thema. Empirische Daten über Suizid werden erst seit Anfang dieses Jahrhunderts gesammelt. Auf Grund des gesellschaftlichen und religiösen Tabus wurden Suizide in Europa bis vor 100 Jahren meist vertuscht. Genauere Angaben über Häufigkeit und Ursachen von Suiziden und Suizidversuchen liegen erst vor, seit Ärzte und Leichenbeschauer die Todesursache bestimmen und Totenscheine ausstellen. Die heutige Suizidforschung konzentriert sich auf Häufigkeit, Verteilung, Risikofaktoren und säkulare Veränderungen.

In ganz Europa sind die Suizidraten auf alle Altersstufen bezogen für Männer höher als für Frauen. In Deutschland starben im Jahr 2001 insgesamt 11 156 Menschen durch Selbsttötung, 8188 Männer und 2968 Frauen. Für Österreich nennt die Weltgesundheitsorganisation WHO im gleichen Jahr 1489 Suizide (1081 Männer, 408 Frauen), für die Schweiz 1336 (943 Männer, 393 Frauen). In der europäischen Union begehen jährlich mehr als 45 000 Personen Suizid. Das sind mehr als fünf Menschen pro Stunde. Die Zahl der Selbsttötungsversuche wird etwa achtmal höher geschätzt.

Die Gruppen derjenigen, die sich töten, und jener, die einen *Suizidversuch* machen, unterscheiden sich zahlenmäßig und in Bezug auf das Geschlecht. In den meisten Ländern ist das Suizidrisiko für ältere Männer am höchsten, das Risiko für einen Suizidversuch hingegen ist für junge Frauen am höchsten.

Suizidversuche werden anders als Suizide aus datenschützerischen Gründen nicht mehr erfasst. Angaben über die Häufigkeit beziehen sich auf Schätzungen aus wissenschaftlichen Studien. Denen zufolge endet jeder zehnte bis fünfzehnte Suizidversuch tödlich. In dieser Gruppe überwiegen Personen im Alter zwischen 15 und 34 Jahren.

Die statistische Forschung über Suizid und Suizidversuche hat neben den zahlenmäßigen, alters- und geschlechtsspezifischen Faktoren noch weitere Aspekte herausgearbeitet. Es sind dies die Beziehungen zwischen Suizid und Arbeits- und Beschäftigungsfaktoren, Bevölkerungsdichte, Jahreszeit, Klima, politischer Lage und sozialem Umfeld. Die Resultate der verschiedenen Länder in Bezug auf diese Faktoren variieren. Dabei darf man nicht vergessen, dass Kultur und Religion die Suizidstatistik beeinflussen. In katholischen Ländern werden tabubedingt viele Selbsttötungen nicht als solche erfasst. Im Weiteren wirken auch die Suizidmethoden auf die Daten ein. In der Schweiz gibt es viele Suizide durch Erschießen, was nie geleugnet werden kann. Dagegen kann der Tod durch Vergiften, speziell bei älteren Leuten, viel leichter vertuscht werden. Unter Berücksichtigung dieser Aspekte können zusammenfassend gewisse allgemeine Aussagen über Suizid und Suizidversuche in Europa gemacht werden. Suizid und Suizidversuche geschehen

- bei Arbeitslosigkeit öfters als in gesicherter Berufssituation
- in der Stadt häufiger als auf dem Land
- am häufigsten im Frühsommer
- vermehrt in den nordeuropäischen Ländern
- vielfach bei politischer Verfolgung oder während schwerer Wirtschaftskrisen, seltener im Verlauf von Kriegen (vor allem bei Männern)
- seltener in katholischen Gegenden und
- seltener, wenn eine Person in tragenden zwischenmenschlichen Beziehungen aufgehoben ist

Nachweislich gibt es örtliche und familiäre Häufungen von Suiziden. Dabei ist die jährliche Suizidrate der einzelnen Länder über 100 Jahre gerechnet erstaunlich konstant. Das bedeutet, in bestimmten Ländern suchen mehr Menschen selbst den Tod als in anderen, losgelöst vom politischen Umfeld.

Länder haben auf der ganzen Welt stark unterschiedliche Suizidraten, Europa bildet dabei die Spitze. Im europäischen Vergleich weisen Ungarn, Slowenien, Finnland und Kroatien die höchsten Raten auf, gefolgt von der Schweiz, Österreich, Belgien, Frankreich, Dänemark und Deutschland.

Die höchste Suizidrate in Asien verzeichnet Japan. Sie lässt sich als einzige mit den höchsten Raten in europäischen Ländern vergleichen. Im europäischen Vergleich sind die Suizidraten im Norden und Osten bedeutend höher als im Südwesten. So liegen Ungarn, Österreich und die Schweiz auf der Ost-West-Achse, während der Süden (Italien, Spanien und Portugal) statistisch gesehen den Schluss bildet. Enorm gestiegen sind in den letzten Jahren die Suizidraten in der Russischen Föderation und Litauen.

Was unterscheidet also die Völker in Bezug auf Suizidhäufigkeit? Klima, Religionszugehörigkeit und Stadt-Land-Verteilung sind offensichtlich Größen, welche die Suizidstatistik beeinflussen. Die Gewichtung dieser einzelnen Faktoren ist jedoch schwierig zu bestimmen, wie das Beispiel Ungarn zeigt: Es ist katholisch, kein nördliches Land und gilt nicht als ausgesprochen industrialisiert, allerdings ist Alkoholismus überdurchschnittlich verbreitet. Was die hohen Raten in der Russischen Föderation und Litauen betrifft, so besteht vermutlich ein Zusammenhang mit den massiven politischen und gesellschaftlichen Veränderungen in diesen Ländern.

Die hohe Suizidrate Dänemarks allerdings lässt sich durch eine Tradition in Grönland erklären. Diese Insel gehört politisch zu Dänemark, und bei den Inuit hat die Selbsttötung alter Stammesangehöriger Tradition: Von kranken und betagten Menschen wurde erwartet, dass sie sich von der Familie entfernen und im Eis den Tod suchen. Dieser Brauch wird teilweise noch praktiziert.

Eine Erklärung, weshalb die Zahl der Suizide in einem Land oder in einem Ort größer ist als in anderen, gab der Soziologe Durkheim in seinem Standardwerk »Der Selbstmord«, das er vor mehr als hundert Jahren verfasste. Durkheim verstand den Suizid als gesellschaftliches Problem. Den Soziologen und Philosophen interessierten nicht Einzelschicksale, sondern die sozialen Hintergründe, vor denen sich Selbsttötungen abspielen. Von Bedeutung ist das soziale Umfeld bzw. wie der einzelne Mensch in die Gemeinschaft integriert ist. Während der Sozialisierung hat die Gesellschaft verschiedene Strategien zur Verfügung, um einen Menschen in die Gruppe zu integrieren. Am Ende des Reifungsprozesses vom Kind zum Erwachsenen steht im Normalfall ein verantwortlicher Mensch mit einer gefestigten Position innerhalb der Gemeinschaft. Je erfolgreicher die Integration, desto geringer die Suizidrate. Die Suizidrate ist für Durkheim Gradmesser für eine starke oder schwache soziale Integration. Es gibt verschiedene Gründe, weshalb eine Gesellschaft ihre Mitglieder nicht genügend integriert. Die Gesellschaft kann »krank« sein, das heißt im Widerspruch zu sich selbst stehen. Oder sie kann zu klein, zu schwach oder zu liberal organisiert sein, sodass ihre Mitglieder nur lose verbunden sind. Die Suizidrate spiegelt demnach die Stärke gemeinsamer Wertvorstellungen und Ziele. Durkheims These bestätigte sich während des Zweiten Weltkriegs, als die Zahl der Suizide massiv sank. Die wirtschaftlichen Verhältnisse der Durchschnittsbevölkerung waren beklagenswert, aber der gesellschaftliche Zusammenhalt angesichts der äußeren Bedrohung umso stärker. Diese Beispiele zeigen, dass gesellschaftliche Faktoren die Suizidstatistik stärker beeinflussen als wirtschaftliche.

Neben verschiedenen Ländern, in denen sich Häufungen von Suiziden und Suizidversuchen nachweisen lassen, scheinen auch einzelne soziale Gruppen suizidgefährdeter zu sein. Der Psychiater Asmus Finzen, der die sozialen Zusammenhänge des Suizids erforscht, schreibt: »Es ist bekannt, dass die Suizidhäufigkeit in verschiedenen Kulturen schwankt. Weniger bekannt ist es, dass bestimmte soziale Gruppen innerhalb der gleichen Kultur besonders suizidanfällig sind. In den Vereinigten Staaten, möglicherweise aber auch in Westeuropa, sind die Ärzte, besonders aber die Psychiater eine solche Gruppe. Ihre Suizidrate wird als dreimal so hoch, die der Psychiater sogar als siebenmal so hoch angegeben wie die der Durchschnittsbevölkerung. Daraus muss nicht zwingend folgen, dass diese Gruppe öfter psychisch krank ist; vielleicht ist sie nur empfindsamer.«

Weiter lässt sich beobachten, dass in einzelnen Familien zuweilen während Generationen eigentliche Suizidreihen auftreten.

Familiäre Häufungen von Suiziden können als genetische Veranlagung interpretiert werden. Neueste Erkenntnisse der genetischen Forschung weisen aber in eine andere Richtung. Die bedeutendste Theorie über Suizid aus biologischer Sicht geht von der Vererbung bestimmter Anlagen aus. Der französische Psychiater Jean Etienne Dominique Esqirol setzte sich im 19. Jahrhundert intensiv mit dem Suizid auseinander. Für ihn waren Selbstmörder kranke, wahnsinnige Menschen. Der Psychiater illustriert eine Suizidreihe mit folgendem bekannt gewordenen Beispiel: »Der jüngste Sohn ist 26 bis 27 Jahre alt, wird schwermütig und stürzt sich vom Dach des Hauses. Sein Bruder, der für ihn sorgte, macht sich Vorwürfe über diesen Tod und stirbt ein Jahr später nach verschiedenen Selbstmordversuchen an den Folgen lang andauernder und wiederholter Nahrungsverweigerung. Ein anderer Bruder, er ist Arzt, der mir zwei Jahre vorher in tiefster Verzweiflung anvertraut hatte, er werde seinem Geschick nicht entgehen, verübte Selbstmord.«

Es gibt viele Studien, die den genetischen Zusammenhang in Familien mit mehreren Suiziden untersuchen. Nachgewiesen wurde ein Zusammenhang zwischen Depression und Suizid. In der »Old-Order-Amish-Studie« wurde die Vererbung psychischer Krankheiten untersucht. Seit dem 18. Jahrhundert lebt das Amish-Volk in der Tradition der Wiedertäufer in Pennsylvania. Die Amish betreiben Viehzucht und Ackerbau, befolgen ein strenges Alkoholverbot und sind pazifistisch, Großfamilien leben unter einem Dach, Scheidungen sind nicht erlaubt und Suizid eine Todsünde. Während hundert Jahren gab es bei den Amish nur 26 Suizide, die sich auf vier Familien beschränkten, wobei 25 der Personen, die sich das Leben nahmen, an manisch-depressiven Störungen litten.

Die meisten Zwillingsstudien weisen darauf hin, dass psychische Störungen genetisch bedingt sein können, das Phänomen Suizid aber nicht vererbbar ist. Stress, Depressionen oder andere psychische Krankheiten erhöhen allenfalls die Suizidgefährdung. Manchmal befürchten Blutsverwandte, für Suizid anfällig zu sein, wenn sich bereits mehrere Angehörige das Leben genommen haben. Es ist aber wissenschaftlich gesichert, dass es keinen genetischen Faktor gibt, der Suizid begünstigt. Viel eher entspricht ein Suizid der Strategie der Familie, Probleme zu lösen. Erlebt ein Kind, wie sich der hoch verschuldete Onkel das Leben nimmt, lernt es bewusst oder unbewusst, dass es Notlagen gibt, die nur durch Suizid gelöst werden können. Deshalb ist es sehr wichtig, mit Kindern offen über die Todesursache eines Verwandten zu sprechen, um zu verhindern, dass es diese Strategie verinnerlicht. Suizide, die geheim gehalten werden, um das Kind zu schonen, entwickeln eine Dynamik, die es wohl spürt, aber nicht benennen kann. Auf diese Weise wird die »Strategie Suizid« von einer Generation zur nächsten »vererbt«, und es besteht die Gefahr, dass sie in bestimmten Notlagen dieser »Familientradition« folgen.

So war für die junge Frau, deren Mann sich vor den Zug warf, die Thematik Suizid nicht neu. Mehrere Mitglieder der Familie hatten sich das Leben genommen. Der Großvater mütterlicherseits durchtrennte sich den Sehnerv bei einem Suizidversuch und lebte dann noch 7 Jahre, ehe er sterben konnte. Die Schwester ihres Vaters hatte sich mit 25 Jahren das Leben genommen. Fünf Jahre später tötete sich ihr Mann. Auf die Frage, ob sie diese Häufung in Bezug auf sich selbst und ihre Kinder nicht ängstige, erwiderte sie: »Nach dem Tod meines Mannes fühlte ich mich von meiner Familie völlig im Stich gelassen. In dieser Verzweiflung wollte ich auch sterben. Der Druck und die Enge waren kaum mehr auszuhalten. Über die Suizidtradition in unserer Familie sprach ich wiederholt mit einer Therapeutin. Ich weiß, dass eine gedrückte Stimmung, Unglücklichsein, Depressionen als Vorbild an die Kinder weitergegeben werden können. Es gibt kein ›Suizidgen‹, nur eine negative Prägung. Meine Schwiegermutter war stets in trauriger Stimmung, wenn wir sie besuchten. Ihre Ausstrahlung war sehr bedrückend, und mein Mann glich ihr zunehmend in dieser Hinsicht.«

Das Beispiel von Esquirol mit den drei Brüdern kann also unterschiedlich interpretiert werden. Es kann als Beleg einer genetisch bedingten Depression als Ursache für die Suizide dienen. Aus soziologischer Sicht aber könnte die Suizidreihe auf Grund des Nachahmungseffektes entstanden sein. Die Imitationshypothese geht davon aus, dass suizidales Verhalten durch ein »Vorbild« Anstoß zur Nachahmung geben kann. Der so genannte Werther-Effekt bezieht sich auf Goethes gleichnamigen Briefroman »Die Leiden des jungen Werther«, in dem sich ein junger

Mann aus unglücklicher Liebe das Leben nimmt. Nach der Veröffentlichung des Romans nahmen sich Hunderte von jungen Menschen in Nachahmung der Hauptfigur das Leben.

Traurige Berühmtheit erlangte auch die sechsteilige Serie »Tod eines Schülers« im Zweiten Deutschen Fernsehen im Jahre 1981. Innerhalb von 70 Tagen verübten Dutzende 15- bis 17-Jährige Suizidversuche. Der in der Sendung gezeigte Eisenbahnsuizid wurde von denjenigen Jugendlichen nachgeahmt, die dem Hauptdarsteller der Serie äußerlich oder charakterlich glichen.

So gesehen ist Suizid ein ansteckendes Phänomen. Die engsten Bezugspersonen gehören zur höchsten Risikogruppe, dem Beispiel zu folgen. Man kann sich vorstellen, dass in Familien, in denen ein Suizid stattgefunden hat, so etwas wie ein Suizidvorbild vorhanden ist.

Ein Suizid kann massive Ängste in Bezug auf die eigene Gefährdung auslösen, und es gibt Familienangehörige, die befürchten, eines Tages auf dieselbe Art zu sterben. Erreicht etwa ein Sohn das Alter seines Vaters, in dem dieser sich das Leben nahm, befürchtet er vielleicht, nun ebenfalls anfällig für Suizid zu sein. Beging der Partner Suizid, nachdem er die Arbeitsstelle verloren hatte, kann die eigene Arbeitslosigkeit Panik auslösen. Es gehört zur Überlebensstrategie aller Lebewesen, Situationen zu vermeiden, mit denen sie negative Erlebnisse verknüpfen. Nur das Bewusstsein, dass niemals ein einzelnes Ereignis, sondern eine ganze Lebensgeschichte in einen Suizid mündet, kann diese Angst relativieren.

12. Männer und Frauen trauern unterschiedlich

Eltern, deren Kind sich das Leben genommen hat, leiden an horrenden Schuld- und Schamgefühlen. Gemäß unseren Vorstellungen sind sie es, die für das Glück ihrer Kinder verantwortlich sind und sie vor Unheil beschützen sollten. Eltern befinden sich nach dem selbst gewählten Tod ihres Kindes in einem fatalen Dilemma. Angehörige berichten von schwersten Ehekrisen, und amerikanische Untersuchungen belegen eine markant höhere Scheidungsrate nach dem Suizid. Die New Yorker Samaritans, eine Vereinigung, die sich in der Suizidprävention engagiert, berichtet, dass sich mehr als 70 % der Ehepaare, die ein Kind durch Suizid verloren haben, früher oder später scheiden lassen. Beide Elternteile fühlen sich als schuldige Versager, aber sie versuchen meist auf ganz unterschiedliche Art, das Unfassbare zu bewältigen. Die Belastung ist enorm und beide brauchen Hilfe, können sich diese aber nicht gegenseitig vermitteln, weil sie sich zu nahe stehen. Beide erwarten ein Entgegenkommen des anderen, sehen sich selbst aber außer Stande, auf den Partner zuzugehen. Das ist kein Zeichen von Unfähigkeit, sondern zeigt, wie ungeheuer bedrückend die Situation ist.

Das Ehepaar Sabine und Matthias glaubte nach dem Tod ihres Sohnes, ihre bisher glückliche Ehe sei zum Scheitern verurteilt. Die Vertrautheit ihrer fast 20 Jahre dauernden Ehe schien durch den Suizid zerstört. Sie konnten weder miteinander sprechen noch verstanden sie das Verhalten des Partners. Inmitten des quälenden Verlustes, der Sehnsucht nach ihrem Kind und den immer gleichen wiederkehrenden Fragen schmerzte die Tatsache, dass ihre Partnerschaft nicht mehr trug, umso mehr. Ihre unterschiedliche Art zu trauern, die psychische und körperliche Überforderung, die Sabine und Matthias während der ersten Monate erlebten, verunmöglichten es ihnen, liebevoll miteinander umzugehen. »Allein die Tatsache, dass mein Mann den Kaffee nicht heiß genug servierte, war für mich Zeichen seiner Gefühlskälte und machte mich rasend. Nie konnte ich meine Gefühle mit ihm teilen. War ich den Tränen nahe, sprach er von der Zukunft, und wenn ich den Wunsch hatte, mit ihm zu sprechen, zog er sich in den Bastelkeller zurück«, erinnert sich Sabine an die schwere Zeit.

In gemeinsamen therapeutischen Gesprächen lernte das Ehepaar wieder, über ihre Gefühle zu sprechen. Allmählich konnten sie das Bedürfnis des Partners nach Trost und die eigene Unfähigkeit, diesen Trost zu spenden, verstehen. Beiden war es unerträglich, nach all den guten Jahren, die sie gemeinsam erlebt hatten, plötzlich nicht mehr in der Lage zu sein, sich gegenseitig zu unterstützen. Behutsam näherten sie sich wieder an und suchten gemeinsam jene Orte auf, die ihr Sohn besonders gemocht hatte und verbrachten dort Stunden mit inneren Zwiegesprächen und friedlichem Schweigen.

Offensichtlich gibt es geschlechtsspezifische Unterschiede beim Trauern. Verschiedene Autoren der Trauerliteratur weisen darauf hin, dass trauernde Frauen sich eher ihren Gefühlen hingeben und Unterstützung zulassen, während Männer dazu neigen, ihre Trauer aktiv zu bewältigen und etwa durch vermehrtes Arbeiten die seelische Anspannung abbauen. Die Trauerforschung konzentrierte sich bisher auf das Erleben von Witwen und verwaisten Müttern und stellte die passive, erleidende Trauer in den Vordergrund. So stellt sich die Frage, ob die so genannte männliche Trauer, die in der Literatur kaum berücksichtigt wird, nicht vorschnell als »Verdrängung« oder »fehlgeleitete Trauer« interpretiert wird. Vielleicht entspricht eine handlungsorientierte Trauer eher dem Männerbild unserer Gesellschaft und muss nicht bedeuten, dass sie durch die Aktivitäten vollständig verdrängt wird.

Aktives Verhalten, das bei Frauen übrigens häufiger in der ersten Trauerphase zu beobachten ist, ist nicht grundsätzlich eine Flucht vor der Trauer. Eher handelt es sich um eine Überlebensstrategie, mit der die hinterbliebene Person versucht, die hereinbrechenden Gefühle zu kontrollieren.

Die amerikanischen Psychologen und Trauerspezialisten Terry L. Martin und Kenneth J. Doka untersuchten verschiedene Formen der Trauer und betonen deren Gleichwertigkeit: »Wer behauptet, es gäbe nur einen richtigen Weg zu trauern, grenzt alle Hinterbliebenen aus, die anders trauern und den Verlust zum Beispiel ›verleugnen‹. Verhaltensweisen, die man allgemein unter normaler Trauer versteht, beziehen sich ausschließlich auf das Verhalten trauernder Frauen. Werden trauernde Männer nach diesen Kriterien beurteilt, trauern sie nicht gut und nicht vollständig.« Die wichtigsten Merkmale männlicher Trauer sind folgende Punkte:

- Erhöhte Aktivität ist Zeichen der Trauer
- Gefühle werden nur begrenzt gezeigt
- Nachdenken dominiert die Gefühle
- Im Zentrum der Trauer steht das Bewältigen von konkreten Problemen
- Gefühle, die ausgedrückt werden können, sind Wut und Aggression
- Die schmerzhaften Gefühle werden alleine verarbeitet und nicht anderen Menschen anvertraut

Männliche Trauer bedeutet aber nicht, dass nur Männer auf diese kognitive Weise trauern, aber sie tun es häufiger als Frauen. Es gibt Frauen, die den Verlust durch Nachdenken und erhöhte Aktivität verarbeiten, ebenso wie Männer, die ihre Gefühle offen zeigen und das Gespräch suchen.

Es erstaunt nicht, dass es Männern am leichtesten fällt, Gefühle durch Aggression und Wut auszudrücken, denn Bereitschaft zur Aggression ist das wichtigste und beständigste psychologische Unterscheidungsmerkmal zwischen den Geschlechtern. Hinterbliebene, die männlich trauern, sträuben sich, Hilfe zu suchen oder solche anzunehmen. Viel eher überdenken sie zuerst die

Konsequenzen des Verlustes, ehe sie sich den schmerzhaften Gefühlen zuwenden. Männer, erklären Martin und Doka, lernen als Überlebensstrategie, ihre Gefühle und Verletzlichkeit vor potenziellen Gegnern zu verbergen. Nach dem Motto »Zeige nie, dass du in Schwierigkeiten steckst«, versuchen sie, in jeder Situation Kontrolle auszuüben, um keine Angriffsfläche zu bieten.

Die erhöhte Aktivität bei männlich Trauernden zeigt sich dadurch, dass zahlreiche Männer, aber auch Frauen sich geradezu in Arbeit stürzen oder aber in einem Bereich engagieren, der in unmittelbarem Zusammenhang mit dem Suizid steht. Ein Vater, der den Tod seines 17-jährigen Sohnes bewältigen musste, drückte seine Trauer aus, indem er den Grabstein eigenhändig meißelte. Die Frau eines Geschäftsmannes übernahm nach dessen Tod die Geschäftsleitung und handelte erfolgreich Verträge aus. Die Witwe reagierte, indem sie sich beruflich engagierte und die anstehenden Probleme aktiv löste: »Ich fühlte mich verpflichtet, seine Arbeit fortzusetzen.« Sie war sehr betroffen, als ihr Freunde und Geschäftspartner vorwarfen, sie sei hartherzig und ohne Gefühl.

Martin und Doka kritisieren, dass herkömmliche psychotherapeutische Ansätze zur Trauerarbeit sich ausschließlich auf weibliche Trauer stützen. Praktisch alle Therapeuten konzentrieren sich auf die gefühlsmäßige Auseinandersetzung mit dem Verlust. Für Hinterbliebene, die männlich trauern, so die Erfahrung der Autoren, ist dieses Beharren auf Gefühlsäußerungen wenig hilfreich. Betroffene ärgern sich, wenn sie gezwungen werden, über ihre Trauer zu sprechen. Es gehört zur Würde jedes Trauernden, einen Weg zur Bewältigung des Verlustes zu suchen, der seiner Persönlichkeit und seinen Bedürfnissen entspricht. Männlich Trauernde können den Verlust am ehesten verarbeiten, wenn sie aktiv und eigenständig die ihnen entsprechende Form der Trauer wählen können. Martin und Doka unterstreichen die Gleichwertigkeit unterschiedlicher Trauerformen: »Obwohl es als Zeichen gesunder Trauer gilt, heftige und schmerzhafte Gefühle auszudrücken und mit anderen Menschen zu teilen, ist die hier beschriebene männliche Trauer gleichwertig. Sie ist ein selbstständiger, von anderen Menschen unabhängiger Weg zu trauern.«

Nun erscheint es verständlich, wenn auch nicht weniger tragisch, dass sich gerade Menschen, die eng miteinander verbunden sind, schwer tun, gemeinsam zu trauern. Der Suizid eines Kindes kann das Fundament von Vertrauen und Verantwortung innerhalb einer Partnerschaft zerstören, wenn die unterschiedliche Weise der Trauer die Beziehung zusätzlich belastet. Noch leben viele Eltern in der klassischen Arbeitsteilung. Durch ihre Präsenz zu Hause ist die Beziehung zwischen Mutter und Kind oftmals intensiver als zwischen Vater und Kind. Während der Vater nach dem Suizid durch seine Arbeit außer Haus unverändert gefordert ist, steht die Mutter zu Hause vor einer doppelten Leere: dem unersetzlichen Verlust des Kindes und dem Wegfallen der Betreuungs- und Erziehungsaufgabe, die während Jahren einen Großteil ihrer Zeit beanspruchte.

Es ist unwahrscheinlich, dass zwei Menschen, die den gleichen Schicksalsschlag erleben, gleichzeitig und auf gleiche Art reagieren – ganz unabhängig von der Art der Beziehung oder dem Geschlecht. Meist ist es zu viel verlangt, in dieser seelischen Not vom Partner Zuwendung und Unterstützung zu erwarten. Trotzdem ist es vielen Trauernden unerträglich, ausgerechnet vom Partner den dringend benötigten Trost nicht zu erhalten.

Eine Ehefrau erzählt, wie schwer es für sie zu verstehen war, dass ihr Mann ganz anders auf den Tod des Sohnes reagierte als sie selbst. Während sie versuchte, mit ihm über ihren Schmerz und die Umstände des Suizids zu sprechen, befürchtete er im Schmerz unterzugehen und verweigerte ihr das Gespräch. Stattdessen erklärte er, wie wichtig es für die Familie sei, dass er weiter arbeite und den Karren ziehe, da sie noch drei weitere Kinder hätten, um die er sich kümmern müsse. Seine Frau fühlte sich sehr alleine, und der Verlust des Sohnes überforderte sie maßlos, ebenso ihre drei anderen Kinder, die sie zu versorgen hatte. Sie vernachlässigte sich, fühlte sich für niemanden mehr verantwortlich und ernährte sich während Wochen nur von belegten

Broten. Während dieser Zeit dachte sie oft, es wäre das Beste, wenn sie auch sterben könnte. Aber eines Tages rappelte sie sich auf und stellte sich die Frage, ob der Verlust ihres geliebten Kindes größer ist als die Liebe zu ihrem Mann und den Kindern, die am Leben sind. Sie fühlte sich wie in einem Mehrfrontenkampf: Sie musste den Suizid verarbeiten, ihre Ehe retten und den Kindern trotz allem eine gute Mutter sein.

Das Ehepaar war bereit, für eine gemeinsame Zukunft zu kämpfen und besucht inzwischen regelmäßig eine Selbsthilfegruppe für trauernde Eltern (siehe Adressenverzeichnis im Anhang). Sie erhalten damit die Möglichkeit, sich mit verständnisvollen Betroffenen auszutauschen. Dieses Angebot half dem Ehepaar, zumindest das Schicksal anderer Eltern sachlich zu betrachten. Dabei machte die Frau die Erfahrung, dass sie den Leidensgenossinnen die Versäumnisse verzeihen konnte und hoffte, eines Tages im Stande zu sein, auch sich selbst zu verzeihen. Das war für sie ein weiterer Schritt, zu sich selbst zu finden. Die unmittelbare Konfrontation mit Betroffenen, die ihr vor Augen führte, was der Suizid bei anderen Eltern bewirkt, halfen ihr, die eigenen Gefühle zu ordnen. Sie lernte zu verstehen, dass sie der Tod ihres Kindes während ihres ganzen Lebens traurig stimmen wird, aber dass der Albtraum, den sie erlebte, nicht ebenso lange dauern muss. Das bewiesen ihr diejenigen Eltern, die schon länger in dieser Trauergruppe aktiv waren.

Nicht nur in einer Partnerschaft fällt es schwer, nach einem Suizid gemeinsam zu trauern. Susanne, die ihren Mann vor neun Jahren verlor, erlebte, wie sich ihr einziger Sohn nach dem Tod des Vaters von ihr zurückzog. Die Witwe hatte sich sehr gewünscht, mit ihm über den Suizid zu sprechen – auch um sich selbst zu entlasten. »Er kam nur noch gemeinsam mit seiner Frau zu Besuch, und sie hatten immer sehr wenig Zeit.« Wann immer die Mutter den Suizid erwähnte oder über den Verstorbenen sprechen wollte, blockten die beiden ab. Es dauerte acht lange Jahre, bis der Sohn seiner Mutter gestehen konnte, wie wütend er auf sie gewesen war, weil er glaubte, sie hätte den Suizid seines

Vaters verhindern können. Aber auch nach diesem klärenden Gespräch hält er nach wie vor Distanz, was Susanne schwer zu schaffen macht. »Ich bin erleichtert, dass er wenigstens einsieht, dass ich den Suizid nicht verhindern konnte. Selbst wenn wir an diesem Sonntagmorgen nicht gestritten hätten oder ich ihn hätte retten können, hätte er sich höchstwahrscheinlich bei einer anderen Gelegenheit das Leben genommen.« Das Bergsteigen, glaubt Susanne, war ein Spiel mit dem Tod. Oft war ihr Mann noch nachmittags aufgebrochen, obwohl er wusste, wie gefährlich das war: »Auch wenn er eine Eisrampe im Alleingang bestieg, wusste er genau, dass er ein tödliches Risiko einging.«

Solche Einsichten relativierten Susannes Schuldgefühle, auch ohne die Unterstützung ihres Sohnes. Der Streit kurz vor dem Suizid war nicht der Grund für die verzweifelte Tat, sondern nur der momentane Auslöser, den ihr Mann auch bei anderer Gelegenheit gefunden hätte. Seine Neigung, sich tödlichen Gefahren auszusetzen, hatte nichts mit seiner Ehe zu tun, sondern mit unbewältigten Problemen, die sein Leben begleitet hatten. Keine Lebensgeschichte verläuft ohne Brüche und Krisen. Und selbst sehr vertraute Menschen können einander nicht in die Seele blicken und deshalb auch nicht immer nachvollziehen, was den geliebten Menschen in seinem Innersten beschäftigt und worunter er leidet.

Nach einem Suizid befinden sich oft mehrere Familienmitglieder in einer verzweifelten Situation. Derselben Familie anzugehören bedeutet nicht, sich jederzeit zu verstehen und einander gerecht zu werden. Selbst starke Verbundenheit kann nicht verhindern, dass man einem Familienmitglied Unrecht tut. Je näher man einer Person steht, desto leichter fallen unvorsichtige Bemerkungen. Die Suche nach Motiven für den Suizid schafft einen Nährboden für Anschuldigungen, und familiäre Probleme, die vorher ignoriert wurden, können sich zu Dramen entwickeln.

So war es bei Petra, die im Alter von 26 Jahren und als Mutter von zwei kleinen Kindern ihren Mann durch Suizid verlor. Ihre

Eltern machten ihr unterschwellig Vorwürfe, sie sei keine gute Ehefrau gewesen.

Als Konsequenz vermied sie das Thema Suizid und alles, was damit zusammenhing. Gleichzeitig hatte sie ein sehr großes Bedürfnis, über den Suizid zu sprechen. Doch die vorsichtigen Versuche, mit den Eltern ins Gespräch zu kommen, scheiterten im Ansatz. Sie war verletzt und fühlte sich gedemütigt, als ihre Eltern sie an der ersten Weihnacht nach dem Tod ihres Mannes nicht wie gewohnt zu sich einluden. Bis dahin hatte sie pflichtbewusst Geburtstagskarten an ihre Eltern geschrieben, ohne dass diese ihr zum Geburtstag gratulierten, doch danach ließ sie es bleiben.

Erst nachträglich fiel ihr auf, wie einseitig die Beziehung zu ihren Eltern gewesen war und wie wenig Respekt sie ihr entgegengebracht hatten. Auch aus der Verwandtschaft hielt niemand zu ihr. Alle zogen sich zurück und hielten zu ihren Eltern, die ihr vorwarfen, sie hätte den Kontakt abgebrochen, weil sie keine Kritik ertrage. Die Schuldgefühle, welche die Vorwürfe bei ihr auslösten, nagten lange Zeit an ihrem Selbstbewusstsein. Außer zu ihrem Bruder hat Petra nun seit fünf Jahren keinen Kontakt mehr zu ihrer Familie.

13. Sterbehilfe

Bisher war ausschließlich von Menschen die Rede, die jemanden unerwartet durch Suizid verloren haben. Wir trafen aber auch Menschen, die sich mit den *Suizidwünschen* eines kranken Angehörigen auseinander setzen mussten.

Der Wunsch zu sterben ist nicht nur eine Frage des von Medizinern prinzipiell anerkannten Selbstbestimmungsrechts der Patienten, sondern fordert alle Beteiligten, Ärzte, Juristen und Angehörige, heraus. Obwohl es sich um die sehr persönliche Entscheidung eines Patienten oder einer Patientin handelt, ist es der betroffenen Person selten möglich, sie alleine umzusetzen. Die Angehörigen müssen sich mit dem Wunsch und ihrer Rolle in dieser Situation auseinander setzen. »Sterbehilfe« ist eine Form der Selbsttötung, die gerade durch das bewusste Miterleben die Angehörigen sehr belasten und Gefühle des Versagens auslösen können.

Menschen in industrialisierten Ländern wissen, dass sie gute Chancen haben, sehr alt zu werden. Entsprechend steigt die Möglichkeit, dass wir am Lebensabend langwierig erkranken und mit Hilfe medizinischer Errungenschaften viele Jahre am Leben gehalten werden – ungeachtet der Lebensqualität. Die Gefahr ist groß, dass ärztliche Entscheidungen über die Köpfe der Betroffenen hinweg gefällt werden. Sterben wird nach wie vor als Versagen der medizinischen Wissenschaft erlebt. Andererseits sind alle Mitglieder in unserer Gesellschaft aufgefordert, ihr Leben und darüber hinaus auch ihr Sterben selbst und bestmöglich zu gestalten.

Die Idee, in Würde und selbstbestimmt zu sterben, ist nicht neu. Bereits 1935 gründeten Interessierte in London eine Gesellschaft für Sterbehilfe, die »Voluntary Euthanasia Legislation Society«. In Nordamerika gibt es drei Exit-Organisationen, die 350 000 Gleichgesinnte vereinigen, und weltweit besteht heute ein Netz von etwa 30 Gruppen, die sich in der »World Federation of Right to Die Societies« zusammengeschlossen haben.

In Deutschland und in Österreich ist Euthanasie seit dem Zusammenbruch des Nationalsozialismus ein Tabuthema. Die Vernichtung »lebensunwerten Lebens« wurde schon in den 1920er-Jahren öffentlich diskutiert, nicht nur in Deutschland. Im Mittelpunkt stand dabei das Argument einer ökonomischen »Entlastung« der Gesellschaft von behinderten Menschen, die unproduktiv »dahinvegetieren«. Während des Nationalsozialismus wurden dann im Zuge der »Euthanasie«-Programme mehr als 200 000 Menschen umgebracht. Erst in den 1970er-Jahren, als der australische Philosoph Peter Singer in der deutschen Öffentlichkeit als Tabubrecher auftrat, erhoben sich unter Medizinern, Juristen und Philosophen auch in Deutschland wieder Stimmen, die forderten, dass neu über Sterbehilfe nachgedacht werden müsse.

Die 1980 gegründete »Deutsche Gesellschaft für Humanes Sterben«, DGHS, setzte sich anfangs stark für die Legalisierung der aktiven Sterbehilfe ein, kam jedoch bald nach ihrer Gründung wegen allzu liberaler Praktiken in die Schlagzeilen. Heute versucht die Organisation, den Anschluss an die internationalen Exit-Gesellschaften zu finden, deren Ziele wir hier am Beispiel der Schweizer Organisationen darstellen.

Die »Vereinigung für humanes Sterben«, Exit Schweiz, wurde 1982 gegründet und zählt mittlerweile über 50 000 Mitglieder aus allen sozialen Schichten und Altersgruppen.

In den Statuten der Vereinigung ist festgehalten, unter welchen Voraussetzungen Schwerstkranke in ihrem letzten Lebensabschnitt unterstützt werden und würdige Pflege und Sterbebegleitung erhalten. Die Organisation verwahrt Testamente oder Verfügungen ihrer Mitglieder, in denen festgehalten ist, dass bei Unfall oder tödlicher Krankheit keine lebensverlängernden Maßnahmen gewünscht werden (z. B. Beatmung oder künstliche Ernährung). Wird dieser Anordnung nicht entsprochen, kann Exit nach Schweizer Recht die gewünschte passive Sterbehilfe einklagen. Andererseits leisten rund ein Dutzend Freitodbegleiter auf ausdrückliches Verlangen Sterbehilfe bei nachweislich todgeweihten Patienten. Gemäß schweizerischem Strafgesetzbuch gilt die aktive Sterbehilfe, also das Einflößen von Gift durch Dritte, als vorsätzliche Tötung und wird mit Zuchthaus bestraft. In Art. 115 StgB heißt es: »Wer aus selbstsüchtigen Beweggründen jemanden zum Selbstmord verleitet oder ihm dabei Hilfe leistet, wird, wenn der Selbstmord ausgeführt oder versucht wurde, mit Zuchthaus bis zu fünf Jahren bestraft.« Exit argumentiert, dass die Beihilfe keineswegs aus selbstsüchtigen Gründen geschehe und deshalb als Beihilfe zu einer nicht strafbaren Tat auch nicht strafbar sei.

Interne Meinungsverschiedenheiten bei Exit und eine Kontroverse um die ärztliche Verschreibung des tödlichen Medikamentes führten 1998 dazu, dass sich Mitglieder von Exit distanzierten. In der Folge gründeten sie die Vereinigung »Dignitas«, einen Verein mit ähnlichen Zielsetzungen wie Exit, welcher aber bewusst auf Publizität verzichtet.

Wie auch bei Exit können bei Dignitas grundsätzlich alle volljährigen Personen jeglicher Staatszugehörigkeit Mitglied werden. 2003 waren 4000 Mitglieder aus rund 50 verschiedenen Ländern bei Dignitas registriert. Die Vereinigung weist aber ausdrücklich darauf hin, dass sie aus rechtlichen Gründen ihren Mitgliedern nur auf Schweizer Staatsgebiet Hilfestellung anbieten kann. So ist denn auch die Deutsche Dignitas-Niederlassung in Hannover nur als Kontaktstelle zu verstehen.

Es ist verständlich und nachvollziehbar, dass die Bitte um Sterbehilfe für Angehörige eine außergewöhnliche Prüfung darstellt. Der Todeswunsch kann absolut überraschend sein, wenn der Patient zuvor keine Hinweise gab. Angehörige oder Pflegepersonal deuten den Wunsch nach Sterbehilfe vielfach als Vorwurf wegen schlechter Behandlung oder mangelnder Fürsorge. Andererseits besteht die Gefahr, dass die Situation des Patienten von außen anders eingeschätzt wird als von ihm selbst, denn es liegt nahe, dass betreuende Bezugspersonen den Todeswunsch als eine vorübergehende physische oder psychische Krise des

Patienten verstehen möchten. In diesem Fall kann der ehrlich geäußerte Wunsch der kranken Person verständlicherweise von den Angehörigen noch gar nicht akzeptiert werden.

Das geschah einer 78-jährigen an Krebs erkrankten Witwe, die in einem Alters- und Pflegeheim lebte. Sie hätte es vorgezogen, mit ihren Töchtern gar nicht über ihren Sterbewunsch zu sprechen. Da aber die meisten Krankenhäuser, Alters- und Pflegeheime die Sterbehilfe grundsätzlich – auch aus religiösen Gründen – ablehnen, sah sich die krebskranke Frau gezwungen, ihre Töchter über ihr Vorhaben zu informieren. In ihrem Fall konnte Sterbehilfe nur in einem bezüglich Freitodbegleitung liberalen Hospiz oder zu Hause geleistet werden. Für die Verlegung war sie auf die Unterstützung ihrer Kinder angewiesen.

Selbstverständlich wünschten sich auch die Töchter für ihre Mutter einen schmerzfreien, sanften Tod, doch was sie mit dem Wort Sterbehilfe assoziierten, war eher eine Hinrichtung als ein würdevolles Sterben. Sie versuchten daher bis zum letzten Augenblick, ihre Mutter von diesem Vorhaben abzubringen. Doch diese hatte ihr Leben lang alle wichtigen Entscheidungen selbst getroffen und auch durchgesetzt. Sie wollte nicht nur über ihr Leben, sondern auch über das Sterben entscheiden.

Obwohl dieser Tod für die beiden Töchter nicht ganz unvorbereitet kam, war die Verzweiflung grenzenlos, und sie hatten das Gefühl, Wesentliches unterlassen zu haben. Erst Monate später waren sie in der Lage, darüber zu sprechen und den Entschluss ihrer Mutter zu akzeptieren. Die Tatsache, dass ihrer Mutter körperliche und seelische Schmerzen erspart blieben, tröstet sie heute über den Verlust hinweg.

»Menschenwürdiges Sterben« ist zu einem Schlagwort geworden. Der Begriff Würde geht auf »Wert« zurück und in diesem Sinn bedeutet Menschenwürde menschliche Werte. Diese sind je nach Kultur verschieden definiert. Allgemein im Westen anerkannte menschliche Werte sind beispielsweise die selbstverantwortliche Freiheit oder die Liebe zum Nächsten und zu sich selbst. Diese Würde soll nach den Grundsätzen von Exit nicht nur im Leben, sondern auch im Sterben als Teil des Lebens seinen Ausdruck finden. Zur Menschenwürde gehört nach Exit ein Sterben ohne große Qualen; weder physische noch seelische Leiden müssen den letzten Weg begleiten. Im Weiteren soll der Sterbende die ihm verbleibende Lebensspanne selbstbestimmt leben dürfen. Entsprechend wird ihm die Freiheit gewährt, über den Zeitpunkt des Todes zu entscheiden. Wenn sich auch alle Menschen letztlich allein mit dem Tod auseinander setzen müssen, so soll dies nicht einsam und ohne menschlichen Beistand geschehen. Dabei sei der Sterbeprozess nach den Maßstäben und Vorstellungen des Patienten und nicht nach denjenigen der Anwesenden zu gestalten.

Eindrücklich erzählt die 65-jährige Krankenschwester Elisabeth von ihrer schmerzhaften, aber offenen Auseinandersetzung über den von Exit begleiteten Tod ihres Mannes.

Ihr Mann und Vater ihrer vier Kinder verdiente lange Jahre seinen Lebensunterhalt als Automechaniker. Im Alter von 58 Jahren bestätigte sich der lang gehegte Verdacht, dass seine Vergesslichkeit auf eine ernsthafte Krankheit zurückzuführen war. Eine Computer-Tomographie ergab, dass er an einer fortgeschrittenen Hirnzellendegeneration litt. Die Bilder zeigten bereits große Löcher in der Hirnmasse. Da Elisabeth während langer Zeit einen Alzheimer-Patienten aus der Nachbarschaft gepflegt hatte, war sich das Ehepaar der Konsequenzen dieser Diagnose bewusst. Der Entschluss, nicht denselben Weg wie der Nachbar zu gehen, fiel bereits zwei Jahre vor dem Tod des Mannes.

Bald darauf konnte er nicht mehr arbeiten, nicht mehr werken und sagte, er könne auch nicht mehr denken. Trotzdem erfüllte er sich unter großen Beschwerden den Wunsch, sich von seinen beiden Söhnen, die im Ausland lebten, zu verabschieden. Das Ehepaar stritt häufig, obwohl beiden bewusst war, dass die Auslöser für die Auseinandersetzungen in seiner Erkrankung lagen. Obschon die Verzweiflung Aggressionen auslöste, konnten die beiden anschließend wieder lachen und waren insgesamt viel zufriedener als früher. Doch dann erlitt er zwei Schlaganfälle und versuchte mehrere Male vergeblich, sich umzubringen. Die tägliche Spannung, Ungewissheit und die Angst, ihren Mann eines Tages tot aufzufinden, begannen Elisabeth zu erdrücken. Sie litt unter Schlafstörungen. Obwohl sie wusste, dass es nach den Bestimmungen von Exit nicht erlaubt ist, für die Organisation zu werben, forderte sie ihn eines Tages auf, mit Exit Kontakt aufzunehmen. Er selbst hatte vergessen, dass er seit Jahren Exit-Mitglied war. Verschiedene Untersuchungen und Gespräche mit Exit-Beratern folgten, die schließlich Demenz als berechtigten Grund für seinen Todeswunsch anerkannten. Der Zeitpunkt des Todes wurde auf den 7. Januar festgelegt – eine merkwürdige Situation für die Ehefrau, denn abgesehen von Gedächtnisschwund war ihr Mann körperlich in keiner Weise pflegebedürftig.

»Am Tag zuvor war ich bei meiner pflegebedürftigen Mutter. Auf dem Heimweg überlegte ich fieberhaft, was wir am letzten Abend machen sollten. Halten wir uns gegenseitig beim Schlafen, geben wir uns noch Wärme? Und dann kam ich nach Hause und fragte ihn, was *er* am liebsten machen würde. Mit einem lieben Lächeln meinte er: ›Am liebsten würde ich schon jetzt eine Schlaftablette nehmen, damit ich erst morgen um 14.00 Uhr erwache.‹ – ›Wenn das dein Wunsch ist, soll es so sein‹, erwiderte ich. Zum ersten Mal in meinem Leben nahm auch ich ein Valium.«

Heute überlegt sich Elisabeth, ob ihr Engagement für sein Leben zu gering war. Sie erinnert sich aber auch an seinen gelösten Gesichtsausdruck beim Sterben. »Ich wäre egoistisch gewesen, wenn ich meinen Mann zurückgehalten hätte. Manchmal frage ich mich, ob ich auf eine eigenartige, unübliche Art gefühllos bin und deshalb nicht zusammengebrochen bin. Ich habe am Abend des Todestages geweint, aber nicht aus Traurigkeit, sondern weil die unerträgliche Spannung endlich nachließ. Ich trauerte nicht beim Tod meines Mannes, sondern bereits Jahre zuvor, als er noch am Leben war.«

Während Elisabeth hinter der Entscheidung ihres Mannes

stand und ihn mit bewundernswerter Kraft unterstützte, erfahren andere Hinterbliebene den Todeswunsch ihres Nächsten nicht selten als einen schrecklichen Entscheidungskonflikt. Aktiv bei der Selbsttötung eines Angehörigen dabei gewesen zu sein, hinterlässt bei Angehörigen nach dem Suizid häufig quälende Fragen.

Ein Pfarrer, der als Sterbebegleiter für Exit arbeitet und damit den enormen Leidensdruck Todgeweihter mindern will, berichtet, dass viele Betroffene und ihre Angehörigen über theologische Fragen reden wollen. Meistens gehe es um die Frage, ob ein Suizid denn nicht ein Eingriff in Gottes Geschick darstelle. Seine Antwort ist stets dieselbe: »Wenn wir uns einer Blinddarmoperation unterziehen müssen oder Antibiotika einnehmen, dann scheint mir, dass Gott äußerst viel Verantwortung an uns Menschen delegiert hat. Auch der Leidensglorifizierung vieler Christen kann ich nicht zustimmen. Gott hat das Leiden nicht glorifiziert. Auch Christus litt drei, vier Tage und nicht Monate oder Jahre. Leiden, die im Übrigen von der Medizin verursacht werden. Ich helfe als Pfarrer auch, weil ich in dieser Funktion seit 30 Jahren beobachte, was alte Menschen, die krank sind, durchmachen müssen und wie ›dank‹ medizinischer Hilfe ihr Leiden unendlich verlängert wird. Wenn ich das Bestreben unterstütze, dieses Leid zu verkürzen, handle ich als Christ nach dem Neuen Testament mit bestem Gewissen.«

Die Entscheidung, Sterbehilfe zu gewähren, und die Klärung der Beweggründe sind nur durch seriöse Information und intensive Gespräche mit wirklich allen Beteiligten herbeizuführen. Ziel solcher Gespräche wäre, durch Offenheit und Ehrlichkeit von Seiten der kranken Person wie auch von allen Angehörigen und Beteiligten nicht nur das Schicksal des oder der Sterbenden, sondern auch das Gewissen der Zurückbleibenden zu erleichtern. Schock, Trauer und Abschied sind dann in einen langen Prozess eingebunden.

Teil 3: Überleben

14. Das Leben neu ordnen

Jeder Mensch hat einen ganz persönlichen Lebensrhythmus, und wenn er trauert, benötigt er den ihm entsprechenden Raum und seine bestimmte Zeit. Er darf sich von nichts und niemandem in seiner Trauer beirren lassen, soll das tun, was er in einem bestimmten Moment für angemessen hält. Trauern ist wie eine Spirale, die sich langsam nach oben dreht. Jede Phase will durchlebt sein, samt der sich wiederholenden Gefühle, die bei jeder Wiederholung etwas ruhiger werden – vorausgesetzt, der Trauernde ist bereit, sich die Trauerzeit großzügig zu bemessen und mit sich selbst nachsichtig und geduldig zu sein.

Die ersten Versuche, das traumatische Erlebnis zu verarbeiten, führen die Hinterbliebenen zur Frage nach der eigenen Verantwortlichkeit im Zusammenhang mit dem gewaltsamen Tod. Der Verstorbene hat sich plötzlich der Partnerschaft oder der Familie radikal entzogen und jede weitere Diskussion abrupt beendet. Er hat die Angehörigen mit ihren Fragen, Ängsten und Schuldgefühlen einfach sitzen lassen. Die Beziehung zum Verstorbenen – ob harmonisch oder von Auseinandersetzungen geprägt – müssen die Hinterbliebenen neu überdenken, da der einseitige, gewaltsame Abbruch der Beziehung sie stark verunsichert hat. Geringe Versäumnisse und Unachtsamkeiten, die zum Alltag jeder Beziehung gehören, erhalten im Nachhinein eine stärkere, dramatische Bedeutung.

Wenn der geliebte Mensch, der sein Leben beendete, keine andere Lösung für seine Lebensprobleme sah als den Tod, dann muss den Weggefährten die Tragweite seiner Notlage entgangen sein. Das Grübeln über versäumte Möglichkeiten, den Todeswilligen vor dem Absprung zu retten, und das Bewusstsein der eigenen Unzulänglichkeit lösen fast zwingend Schuldgefühle aus. Dabei geht es nicht so sehr um die Frage, ob und was die Angehörigen mit dieser Selbsttötung tatsächlich zu tun haben. Die

Schuldgefühle stehen vielmehr in proportionalem Verhältnis zur nachträglichen Auslegung der gemeinsamen Vergangenheit. Entsprechend ist die Schuldproblematik so vielfältig wie die Verhältnisse, in denen Menschen zusammenleben. Das Verantwortungsgefühl einer Ehefrau, welche vor dem Suizid die Scheidung einreichte, ist anders geprägt als dasjenige einer Mutter, welche den Ernst der Lage bei ihrem depressiven Kind unterschätzte. In Beziehungen hat jeder Beteiligte eine ganz bestimmte Rolle, die mit gesellschaftlichen Erwartungen, Rechten und Pflichten verknüpft ist.

Das Verantwortungsgefühl nach einem Suizid hängt davon ab, wie die Angehörigen ihre Rolle dem Verstorbenen gegenüber im Nachhinein auslegen und verstehen. Die Rolle einer Mutter beispielsweise ist vor allem von Pflichten ihrem Kind gegenüber geprägt. Die ideale Mutter soll selbstlos sein und ihr Kind bis ins Erwachsenenalter nähren, beschützen, erziehen und begleiten. Sie trägt die Verantwortung für das körperliche und seelische Wohl ihrer Nachkommen. Vor diesem Hintergrund stellt sie sich die Fragen nach ihrer persönlichen Verantwortung am Unglück des Kindes, das sich das Leben nahm.

Eine Mutter erinnert sich, wie sie sich nach dem Suizid ihrer 14-jährigen Tochter monatelang mit der Frage quälte, welche Pflichten sie ihrem Kind gegenüber versäumt und ob sie es gar vernachlässigt habe. Es belastete sie im Nachhinein sehr, dass sie wieder zu arbeiten begonnen hatte, als die Tochter eingeschult wurde. Aber auch die Zeit, die sie ganz ihrem Kind widmete, begann sie zu hinterfragen. Sie überlegte, ob sie nicht schon früher Fehler in der Erziehung begangen hatte, denn ihre Tochter war immer ein sehr ernstes Kind gewesen. Obwohl sie eine gute Schülerin war und nie Probleme in der Schule hatte, glaubte die Mutter nun, sie hätte vielleicht zu viel Druck auf sie ausgeübt. Sie hatte Ambitionen mit ihrer begabten Tochter und fragte sich, ob sie nicht zu viel von ihr gefordert hatte. Unaufhörlich kreisten ihre Gedanken um die Frage, ob sie sich zu wenig Zeit genommen und die Bedürfnisse des Kindes zu wenig berücksichtigt habe.

Auch auf dem Vater in der Rolle des Ernährers lastet Verantwortung. Er ist es, der für das materielle und geistige Wohl der Familie zu sorgen hat. Sowohl die Eltern- wie auch die Partnerrolle ist weit gehend durch die gefühlsmäßige Bindung geprägt. Entsprechend hoch ist die Verantwortung gegenüber dem Kind oder Partner. Während von Kindern nicht erwartet wird, dass sie ihren Eltern gegenüber Verantwortung tragen, verlangt ihre Rolle doch, gehorsam zu sein. Den Verlust der Mutter oder des Vaters kann ein Kind deshalb dahingehend deuten, dass es nicht folgsam genug war und daher mitschuldig am Verschwinden des Elternteils ist. Die Rolle von Geschwistern ist weniger gefühlsbetont und ihr Verantwortungsgefühl bezieht sich eher auf einzelne Begebenheiten. Ältere Geschwister fühlen sich stärker den Jüngeren verpflichtet, weil sie die Rolle des Vorbildes haben.

Diese Beispiele zeigen, wie die Schuldgefühle von Hinterbliebenen vom Rollenbild geprägt sind, welches ihnen die Gesellschaft in einer Beziehung zuweist, aber auch von ihrem persönliches Verständnis der eigenen Bedeutung in einer bestimmten Beziehung. Je stärker jemand das Gefühl hat, seiner Rolle nicht gerecht geworden zu sein, desto größer ist in der Regel das Schuldempfinden, und auch die Gesellschaft geht mit Eltern und Partnern am härtesten ins Gericht, da sie sie für das Wohlergehen von Partner und Kindern verantwortlich macht.

Mit solchen Schuldzuweisungen sahen sich auch die Eltern des 18-jährigen Holger konfrontiert, die ihren Sohn an einem Freitagabend bei der Rückkehr von der Arbeit in einer Blutlache auf dem Boden seines Zimmers fanden. In diesem Moment stürzte für sie eine Welt zusammen. Es hatte nicht den geringsten Anhaltspunkt gegeben, dass Holger in Schwierigkeiten steckte, keinen einzigen Hinweis, dass ihm sein Leben nicht mehr lebenswert erschien. Er war das jüngste, unproblematischste ihrer vier Kinder, intelligent, beliebt bei seinen Mitschülern und Lehrern, sportlich aktiv und frisch verliebt. In ihrem Schock befragten die Eltern eingehend seine Freundin und seine Freunde, durchsuchten sein Zimmer nach Hinweisen und suchten auf Fotos nach Vorzeichen für die Tragödie. Bruchstückhafte Erinnerungen setzten sie wie ein Puzzle zusammen, konstruierten nachträglich Zusammenhänge in seinem Verhalten und analysierten die Gespräche mit ihrem Sohn, um eventuelle Doppeldeutigkeiten in seinen Aussagen zu finden. Jeder Satz erhielt eine ganz neue Bedeutung in Zusammenhang mit dem Suizid. »Wir wollten unbedingt herausfinden, weshalb sich Holger das Leben genommen hat, deshalb dachten wir keine Minute daran, den Suizid zu verheimlichen, obwohl es sicher einfacher gewesen wäre. Freunde und Verwandte konfrontierten uns unausgesprochen oder direkt mit Schuldzuweisungen. Die Eltern sind verantwortlich für das Glück ihrer Kinder, deshalb ist das Gefühl von Scham und Schuld unabwendbar, niemand kann mit Gewissheit sagen, die Tat sei nicht zu verhindern gewesen.«

Allmählich erkannten die Eltern, dass es möglicherweise einen auslösenden Faktor, aber mehrere Ursachen für Holgers Suizid gab. Ihnen wurde immer klarer, dass Schuldzuweisungen von ihrer Seite keine Erleichterung brachten und äußere Erklärungsversuche nicht überzeugten. Inzwischen hilft ihnen der Respekt vor ihrem toten Sohn, seine Entscheidung zu akzeptieren.

Holgers Suizid kam für die Eltern ohne jegliche Vorwarnung. Entsprechende Studien zeigen, dass sich nur 30 Prozent suizidgefährdeter Jugendlicher vor der Tat einem Freund oder einer Freundin anvertrauen. Gerade 14 Prozent vertrauen sich der Mutter an und lediglich 5 Prozent dem Vater. Seelsorgerische Hilfe suchen 3 Prozent, und 9 Prozent nützen das Angebot von Beratungsstellen. Es macht Jugendlichen in einer schweren Krise offensichtlich Mühe, sich nahe stehenden Personen wie Eltern oder Freunden anzuvertrauen, vermutlich weil in engen Beziehungen die Erwartungen und Verpflichtungen zu groß sind, als dass ein offenes Gespräch möglich wäre. Außenstehende einfühlsame Personen erfahren eher von Suizidabsichten. Doch neutrale Anlaufstellen gibt es nur wenige. Von den Eltern wird erwartet, dass sie ihren Kindern bei der Bewältigung von Krisen zur Seite stehen. Doch viele Eltern sind in so einem Moment überfordert, und es fehlt ihnen an Wissen, wie man über solche Probleme spricht und mit ihnen umgeht. Unsere Gesellschaft tut sich schwer mit Menschen in seelischer Not. Noch immer ist Suizid kaum ein Thema, weder an Schulen noch an Universitäten, obwohl allein in der Schweiz Suizid heute bei den 15- bis 44jährigen Männern die häufigste Todesursache ist.

Im Umgang mit den immer wiederkehrenden Gedanken über Schuld und Verantwortung hilft der Versuch, die Erinnerungen an den Toten, die gemeinsamen Erlebnisse und die Charaktereigenschaften seiner Person zu ordnen. Gewisse Zusammenhänge und Ereignisse aber können nie mit Gewissheit geklärt werden, und zahlreiche Fragen bleiben unbeantwortet. Die Erfahrung, dass jeder Mensch ein eigenes Innenleben führt, von dem auch sehr nahe stehende Personen nicht alles erfahren, kann in diesem Zusammenhang hilfreich sein. Selbst die glücklichste Ehe bleibt von Auseinandersetzungen und Verletzungen nicht verschont und auch die fürsorglichste Mutter kann unmöglich jedes Problem, das ihr Kind beschäftigt, erkennen und schon gar nicht an dessen Stelle lösen. Keine Ehefrau kann allen Erwartungen ihres Mannes gerecht werden und kein Kind kann alle Wünsche seiner Eltern erfüllen. Es gibt keine perfekte Familie. Niemand kann die Verantwortung für ein anderes Leben übernehmen und niemand soll die Schuld für ein vorzeitig beendetes Leben auf seine Schultern laden.

Ein vorsichtiges Herantasten an neue Lebensfreude setzt voraus, dass der Trauernde sein schlechtes Gewissen ablegt. Es hilft, die Beziehung zum Verstorbenen ehrlich und kritisch zu hinterfragen. Das bedeutet aber nicht, sich die ganze Verantwortung aufzubürden und die Beziehung einzig unter dem Aspekt des Suizids zu betrachten. Unter »normalen« Lebensumständen gesteht man jedem Menschen ohne weiteres zu, dass er selbst und niemand anderes für sein Leben verantwortlich ist. Suizid ist nicht die Bilanz einer Beziehung, sondern einer Biografie, die bei einem Erwachsenen lange vor der Beziehung zum Hinterbliebenen begann. Und auch ein junger Mensch hat eine eigene Persönlichkeit, welche die Eltern zwar beeinflussen, aber nicht ändern können. Wer zu selbstkritisch seine Rolle in der Beziehung hinterfragt, wird der Realität nicht gerecht, weil er sie durch den eingeengten Blickwinkel der Selbsttötung wahrnimmt. Gleichzeitig aber ist das selbstkritische Hinterfragen der Beziehung ein erster wichtiger Schritt, der hilft, neue Einsichten über die Beziehung zum Verstorbenen zu gewinnen. Voraussetzung für diesen Schritt ist, verstehen zu lernen, dass niemand über das Leben eines anderen Menschen bestimmen kann, weder im Guten noch im Schlechten, und dass es für einen Suizid keine Schuldigen braucht.

Michael, der als 16-jähriger seinen Bruder verlor, dachte nach dem Suizid seines Bruders oft an die Kindheit und die vielen Streitigkeiten mit seinem Bruder zurück. Er selbst war ein friedliebendes, sehr angepasstes Kind gewesen, und sein sechs Jahre älterer Bruder glaubte, er sei Mutters Liebling. Deshalb provozierte er den Jüngeren, störte ihn beim Spielen und terrorisierte ihn regelmäßig, bis er weinte. Erst ein Jahr vor dem Suizid änderte sich ihr Verhältnis. Beide merkten, dass sie nicht länger die vorgegebene Rolle aus ihrer Kindheit spielen mussten und konnten sich als Jugendliche annähern. Michael glaubt, sein Bruder machte sich seit seiner Kindheit das Leben unnötig schwer. Er beschreibt ihn als unruhigen Menschen, der stets in Widerstand zu allem und jedem lebte. Mit 16 Jahren riss der Bruder von zu Hause aus und lebte von nun an am Rand der Legalität, da er sich einer politisch extremen Bewegung anschloss. Obwohl Michael anfangs überlegt hatte, ob der Suizid nicht in Zusammenhang mit diesen politischen Aktivitäten stand, ist er sich heute sicher, dass die Weichen schon viel früher gestellt wurden: »Wenn ich seine Lebensgeschichte betrachte, ist das wie ein Puzzle, das sich bis zum bitteren Ende zusammenfügt. Er hat vieles in seinem Leben zerstört und damit sein Leben verspielt. Aber ich glaube nicht, dass er sich dessen bewusst war, er musste einfach so handeln.«

Mit der Rekonstruktion der Biografie des Verstorbenen suchen die Angehörigen nach Anhaltspunkten, die Aufschluss über seine Handlungsweise geben können. Es ist ein Versuch, den Tod in einem Zusammenhang zu verstehen und ihm dadurch einen Sinn zu geben. Der Suizid soll als logische Folge des Lebenslaufs verstanden werden. Doch die einzelnen erinnerten Begebenheiten reichen nicht aus, um die Selbsttötung nachzuvollziehen. Vielmehr sind es der Gemütszustand des Verstorbenen vor dem Suizid sowie seine Charaktereigenschaften, seine Lebenshaltung, seine Ängste und Träume, die Hinweise liefern, weshalb er aus dem Leben schied.

Der Sohn eines Chirurgen rekonstruierte dessen Lebenslauf und sah einen Zusammenhang zwischen seiner Depression, seinem übermäßigen Konsum von Betäubungsmitteln und seinem Suizid. Der Student erinnert sich, dass er die schlechten Phasen im Leben seines Vaters im Voraus erahnte, denn die gedrückte Stimmung, die eine Depression ankündigte, war deutlich spürbar. Früher hatte sich der Vater Morphium gespritzt, und als das zu sehr auffiel, begann er Alkohol zu trinken, um seine seelischen Schmerzen zu betäuben. Er litt unter Existenzängsten, denn als er noch Assistenzarzt war, kostete ihn die Morphiumsucht mehrere Male die Arbeitsstelle. Er wusste, dass eine weitere Auffälligkeit seine Karriere beenden würde. Diese Situation erhöhte seine seelische Belastung weiter. Er hatte keine Freunde und er sprach nie darüber, was ihn wirklich quälte.

Lange Zeit wusste niemand außer der Familie, wie ernst es um den Chirurgen stand. Schließlich wurden seine Abstürze immer häufiger und gravierender. Er betrank sich in jeder freien Minute, und es fiel ihm immer schwerer, bis Arbeitsbeginn wieder fit zu werden. Es war ein ständiges Hin und Her zwischen einem nüchternen Zustand, der ihm eine extrem erschöpfende Willenskraft abverlangte, und einer Sucht nach Betäubung bis zur Ohnmacht: »Er war Alkoholiker in einem Stadium, bei dem jeder weitere Schluck tödlich sein kann, weil hinter jedem Tropfen Alkohol hunderte Liter stehen, die er bereits getrunken hatte.« Sein Sohn vermutet, dass er die Spritze mit Strychnin, die er sich schließlich setzte, schon Jahre zuvor bereit gelegt hatte.

Selten lassen sich die Beweggründe eines Menschen, der Suizid begeht, so klar umreißen, dass die finale Tat als nachvollziehbare Konsequenz seiner Lebensgeschichte erscheint. Für eine 61-jährige Geschäftsfrau, Mutter und Großmutter, deren Mann und Geschäftspartner sich im Alter von 64 Jahren kurz vor Weihnachten tötete, waren die Anhaltspunkte, die den Suizid ihres Mannes hätten erklären können, zu spärlich und die Tat für sie deshalb nicht nachvollziehbar. Sie wusste, dass er darunter litt, dass keiner der beiden Söhne ihm in den elterlichen Betrieb folgen wollte. Die Vorstellung, die Leitung des florierenden Unternehmens an einen fremden Geschäftsführer abgeben zu müssen, belastete ihren Mann, auch wenn er selten darüber sprach. Als er einen Herzinfarkt erlitt, wurde sein Rückzug aus dem Geschäft sehr konkret, obwohl er sich gut zu erholen schien.

Angst vor dem Verlust der körperlichen Kräfte und drohende Leere durch den Ruhestand als Motiv für den Suizid überzeugen die Witwe nicht: »Ich habe den größten Teil meines Lebens mit ihm verbracht und gemeinsam haben wir so viele Hochs und Tiefs erlebt. Sein gewaltsamer Tod und dass er sich nicht nur aus seinem, sondern auch aus meinem Leben gestohlen hat, ist für mich unfassbar. Nun muss ich ein ganzes Leben hinterfragen. Sichere Werte gibt es für mich keine mehr.«

Vordergründig lässt sich erklären, dass der Chirurg auf Grund seiner Depressionen und als Folge der Alkoholsucht Suizid beging, und es ist auch nachvollziehbar, wenn sich ein todkranker Mensch das Leben nimmt, weil er das Leiden nicht mehr ertragen kann. Und doch: Die meisten Menschen in Not wählen nicht den Weg des gewaltsamen Todes. Warum also ausgerechnet diese Tochter, dieser Ehemann oder Freund? Der einzige Mensch, der diese Frage schlüssig beantworten könnte, ist nicht mehr am Leben, und deshalb bleiben alle rationalen Erklärungsversuche von Angehörigen, auch wenn sie noch so einfühlsam sind, letztlich Spekulationen, die nicht überprüfbar sind. Doch die Erklärungsversuche haben ihre Berechtigung. Wenn sich die Angehörigen mit der eigenen und der Lebensgeschichte des

Verstorbenen auseinander setzen, haben sie einen sehr wichtigen Schritt im Trauerprozess getan. Die Betrachtung der beiden Lebensgeschichten führt sie letztendlich zur Erkenntnis, dass ihre Verfehlungen in der Beziehung zum Verstorbenen längst nicht so bedeutend sind, wie sie zuerst glaubten. Es war der Suizid, der sie so übermächtig werden ließ, denn die Hinterbliebenen sind keine besseren oder schlechteren Menschen als alle diejenigen, die keinen Suizid zu beklagen haben.

Zwar können die Hinterbliebenen eigene Fehler, die sie während des Zusammenlebens mit dem Verstorbenen begangen haben, nicht entschuldigen. Aber wenn man die Biografie des Verstorbenen und die eigene Verflechtung in diese Lebensgeschichte rekonstruiert, kann man das eigene Verhalten besser verstehen. Die Geschäftsfrau kann sich vielleicht eingestehen, dass ihre Fehler auf einer falschen Vorstellung über den gemeinsamen Lebensabend mit ihrem Mann beruhten, und der Student erkennt nun, dass er sich seinem Vater gegenüber gar nicht anders hätte verhalten können, als er es tat. Erst wenn die Hinterbliebenen die Tatsache akzeptieren, dass der Suizid die ureigenste Entscheidung des Verstorbenen war, verlieren die unzähligen »hätte ich doch« und »wenn ich nur« endlich an Bedeutung. Zur eigenen Machtlosigkeit zu stehen bedeutet aber auch, den Suizid endgültig als Tatsache hinzunehmen.

15. Der Trauer Ausdruck geben

Unsere Gesellschaft fordert von Trauernden, dass sie sich so rasch wie möglich von der Trauer lösen und in den Alltag zurückkehren. Wer nach zwei oder drei Monaten noch erkennbar unglücklich und schwach ist, dem wird unterstellt, er oder sie sei depressiv oder labil. Doch Trauern braucht Zeit, und wer sich genötigt fühlt, den Schmerz zu unterdrücken, verhindert, dass er vorübergeht. Der tiefe Sinn jedes Trauerprozesses ist, in kleinen Schritten den Verlust zu verarbeiten und sich langsam wieder Neuem zuzuwenden. Trauergefühle sind wie eine steile Treppe, die tief im dunklen Keller beginnt und die man Stufe für Stufe erklimmen muss, bis man das Licht erreicht. Wer glaubt, mit einem einzigen großen Sprung dorthin zu gelangen, wird unweigerlich zurück ins Dunkel stürzen.

Im Kapitel über die Auswirkungen des Suizids auf die Familie wurde bereits darauf hingewiesen, dass es für Hinterbliebene vielfach nicht möglich ist, zusammen mit den nächsten Angehörigen den Suizid zu verarbeiten. Auch Arbeitskollegen, Nachbarn und Bekannte sind oft überfordert, den Angehörigen in seiner Trauer zu unterstützen oder zu begleiten. Oft wird ein Suizid unter dem Vorwand totgeschwiegen, dass man in Wunden nicht unnötig stochern soll. Es kann aber auch Unwissenheit und Hilflosigkeit sein, welche die Trauernden verstummen lassen und es ihnen verunmöglichen, ihre Trauer in Worte zu fassen. Unserer Gesellschaft ist der natürliche Umgang mit dem Tod abhanden gekommen. Die Befangenheit, unsere Gefühle nach einem Todesfall auszudrücken, zeigt sich am Beispiel der vorformulierten Floskeln in Beileidsbekundungen. In Nordeuropa wird von Trauernden erwartet, dass sie die Abdankung, das Begräbnis und die Trauer zumindest nach außen hin in selbst auferlegter Gefasstheit durchstehen. Der Schmerz muss hinter einer Fassade der Tapferkeit verborgen bleiben.

Im Süden Europas hingegen ist die Trauer auch nach außen stark gefühlsbetont. Die Verstorbenen werden zu Hause in der Nähe ihrer Angehörigen aufgebahrt, und diese dürfen ihrem Schmerz und ihrer Verzweiflung laut und dramatisch Ausdruck verleihen. Damit wird der Verlust greifbar und kann schneller als Realität verstanden werden. Totenklage und Fürbitte am offenen Sarg gehören zum Ritual einer Beerdigung. In den USA verleihen insbesondere Afroamerikaner in den Südstaaten ihrer Trauer auch musikalisch Ausdruck. Wie der Seelenzustand der Trauernden wechselt auch die Trauermusik von Moll zu Dur. Dem Schmerz über den Verlust folgt die Zuversicht. Die Beerdigung gläubiger Afroamerikaner wird mit üppiger Pracht zelebriert und endet als Fest und Spektakel. Der Schmerz über den Verlust wird durch den Glauben gelindert, dass den Verstorbenen im Jenseits ein besseres Leben erwartet.

Die stereotypen Redewendungen, die in unserer Trauerkultur Anteilnahme ausdrücken sollen, verweisen auf den Zusammenhang zwischen Trauer und Sprache. Die meisten Hinterbliebenen berichten, dass sie keine oder nur vereinzelt Gesprächspartner fanden, mit denen sie offen und ohne Einschränkung über das Erlebte sprechen konnten. »Der Tod meines Mannes wurde einfach übergangen, es herrschte Schweigen. Da es für mich aber kein anderes Thema mehr gab, hatten meine Familie, Freunde und ich einander nichts mehr zu sagen. Ich war gezwungen, mir neue Freunde zu suchen«, erzählt eine 28-jährige Computerfachfrau.

Die mangelnde Gesprächsbereitschaft hat zur Folge, dass Hinterbliebene in eine soziale Isolation fallen. Das unausgesprochene Redeverbot über den Suizid und die damit verbundene Vereinsamung behindern den Trauerprozess. In den USA und den skandinavischen Ländern wurde das Bedürfnis Hinterbliebener, ihre Trauer in Worte zu fassen und sich mit anderen Trauernden auszutauschen, schon vor Jahrzehnten erkannt. Entsprechende Interessengemeinschaften sind heute eine Selbstverständlichkeit. Glücklicherweise gibt es mittlerweile auch in Deutschland und der Schweiz Selbsthilfegruppen, welche Betroffene in ihrer Trauer unterstützen.

Wie wichtig der Kontakt zu Betroffenen sein kann, die den gleichen Schicksalsschlag bewältigen müssen, erzählt eine Mutter, die ihren Sohn durch Suizid verlor. Nach seinem Tod sah sie keine Zukunftsperspektive mehr, ihr Leben hatte scheinbar seinen Sinn verloren: »Ich kann mich sehr gut in einen Menschen einfühlen, der Suizidgedanken hat, denn nach dem Verlust meines Kindes wollte ich auch sterben. Vielleicht gelingt es in Einzelfällen, jemanden von diesem Schritt abzuhalten, aber wer wirklich entschlossen ist, lässt sich von nichts und niemandem abhalten.« Es war die Gesprächsgruppe, an der sie teilnahm, die diesen Schritt verhindern konnte. Der Mutter war es unmöglich, solche Gedanken Freunden und Bekannten mitzuteilen, weil sie befürchtete, sie würden sie nicht verstehen. Seit dem Suizid ihres Sohnes hat sich ihr Freundeskreis verändert. Sie lernte mehrere Familien kennen, die ihr Schicksal teilen: »Hier sagt mir niemand, das erzählst du jetzt schon zum dritten Mal. Ich darf Gedanken, die mich beschäftigen, 20 oder 30 Mal wiederholen und ein Jahr später nochmals darüber sprechen, wenn mir danach ist.«

Selbsthilfegruppen zeigen Hinterbliebenen nicht nur, dass sie mit ihrem Schicksal nicht alleine sind, sondern eröffnen auch wertvolle Gesprächsmöglichkeiten, um ihre Gefühle, Fragen, Selbstzweifel und Gedanken gegenseitig auszutauschen. Die Verzweiflung nach einem Suizid kann erdrückend sein, aber es ist hilfreich, mit Menschen zu sprechen, die nachvollziehen können, wie sich Verzweiflung anfühlt, weil sie dieses Gefühl selbst erlebt haben. Die verzweifelte Mutter gewann ihre Lebenskraft zurück, weil sie sich in der Gruppe verstanden und aufgehoben fühlte: »Hier dürfen die Tränen ungehemmt fließen, und die Erinnerungen müssen nicht verdrängt werden.«

Die Befürchtung, dass die Teilnahme an einer Gesprächsgruppe immer wieder aufs Neue die Trauer heraufbeschwört, ist unbegründet. Hinterbliebene, die seit Jahren in einer Trauergruppe sind, berichten im Gegenteil, dass ihnen dank der Teilnahme bewusst wird, wie weit fortgeschritten ihre Trauer ist, wenn sie Trauernde erleben, die neu zu der Gruppe stoßen: »Dabei ist mir klar geworden, dass der abgedroschene Spruch ›Zeit heilt Wunden‹ eben doch stimmt«, sagt eine Teilnehmerin.

Trauern ist ein Prozess, der von Gefühlen geleitet wird. Sich Gefühlen hinzugeben kann erlernt werden. Es gibt eine ganze Reihe von Therapeuten, die sich auf das Verarbeiten von Verlusterlebnissen konzentrieren. Organisationen und Interessengemeinschaften bieten entsprechende Kurse an. Im Anhang dieses Buches befindet sich eine Liste mit Kontaktstellen, die Unterstützung bei der Gründung von neuen Selbsthilfegruppen anbieten.

Zu den bekannten Trauertherapeuten zählt Jorgos Canacakis, der regelmäßig Seminare für Trauernde durchführt. Anhand von Übungen und Inszenierungen will Canacakis Trauernde unterstützen und ihnen zeigen, wie sie mit ihren Gefühlen kreativ umgehen können. Symbolhandlungen sollen helfen, unterdrückte Gefühle zu befreien und neues Vertrauen aufzubauen. Der Psychologe lehrt die Kursteilnehmerinnen und -teilnehmer, lähmende Trauer in neue Lebenskraft zu verwandeln, indem er sie meditieren, zeichnen und musizieren lässt. Auch dem Weinen misst Canacakis große Bedeutung zu, denn es löst den Schmerz über den Verlust und hilft loszulassen. Am Ende des Tunnels ist Licht, verspricht der Therapeut, und der Schlüssel zum Licht heißt Vertrauen, in sich selbst und in andere Menschen. Vor Abschluss des Seminars werden Zettel verbrannt, auf denen die Trauernden zuvor ihre Lebensängste und entlarvte Illusionen aufgeschrieben haben. Die Asche der überwundenen Ängste und Hemmungen werden als Symbol für die Trauer in einer feierlichen Zeremonie der Natur übergeben, die sich in neue Lebensenergie umwandelt.

Selbstverständlich genügen ein Trauerkurs oder ein Wochenendseminar nicht, um die Schmerzen des Verlustes auf einmal zu bewältigen. Die meisten Trauernden, die ein Seminar von Canacakis besuchen, haben zuvor Trauerliteratur gelesen oder therapeutische Gespräche geführt. Die Erfahrung zeigt außerdem, dass es sinnvoll ist, nicht unmittelbar nach dem Verlusterlebnis an einem solchen Kurs teilzunehmen, weil die Gefahr besteht, dass sich der Trauernde überfordert. Aber wer die erste Phase der Trauer bereits durchlebt hat, kann in einem Kurs lernen, über die kleinen Abschiede auch mit schwer wiegenden Verlusten umzugehen und erhält Anregung, wie er die Trauer – vielleicht mit eigenen Ritualen – selbst im Alltag zulassen kann.

Rituale, die in unserer Kultur weit gehend verloren gegangen sind, unterstützen die Trauerarbeit wirkungsvoll; sie beruhigen durch Wiederholung und verleihen den Gefühlen auf befreiende Weise Ausdruck. Trauernde können ihre eigenen Rituale kreieren, kleine Verrichtungen, die an den Verstorbenen erinnern und bei denen sie sich wohl fühlen: frische Blumen aufs Grab legen als Zeichen der Verbundenheit, einen Talisman bei sich tragen, der an den Verstorbenen erinnert, einen Lieblingsplatz in der Natur aufsuchen, wo man dem Verstorbenen nahe ist. Das sind nur einige von unzähligen Möglichkeiten, die helfen, die Trauerzeit zu gestalten.

Es kann lange dauern, bis Hinterbliebene Hilfe finden und ihrer Trauer Ausdruck verleihen können. Michael, der seinen Bruder mit 16 Jahren durch Suizid verlor, trauerte sehr einsam. Drei lange Jahre dauerte es, bis der junge Mann erstmals Unterstützung und Verständnis fand. Er suchte damals aus medizinischen Gründen eine Geistheilerin auf, die seinen Körper behandeln sollte. Als Michael auf dem Behandlungstisch lag, fragte sie ihn unvermittelt, ob er einen nahen Verwandten habe, der an einer schweren Schädelverletzung gestorben sei. Michaels Bruder war gestorben, nachdem er sich mit einem Gewehr in den Mund geschossen hatte. Verblüfft bejahte er die Frage. Er war dieser Frau noch nie zuvor begegnet und sie hatten keine gemeinsamen Bekannten. »Die Geistheilerin erklärte mir, diese Person sei für mich da, wann immer ich Hilfe brauche. Ich dürfe das nie vergessen. Nach diesen Worten verlor ich die Beherrschung. Zum ersten Mal seit dem Tod meines Bruders konnte ich loslassen und hemmungslos weinen.« Dann erklärte ihm die Geistheilerin, auch er könne etwas für diese Person tun. Er solle jeden Freitag eine Kerze anzünden und dem Verstorbenen Licht senden. Die Begegnung mit der Geistheilerin öffnete Michael eine Tür zur Trauer, nachdem er drei Jahre lang nicht hatte trauern können. Michael, der sich als nicht-gläubig bezeichnet, betet seither und zündet jeden Freitag eine Kerze für seinen Bruder an.

Diese Erfahrung half Michael, sich vermehrt mit der Trauer – aber auch mit sich selbst – auseinander zu setzen. Er konnte sich sogar zu einer kurzen, aber intensiven Psychotherapie entschließen. Zusammen mit einer Gruppe Trauernder fuhr er für eine Woche in die Berge: »Erst während dieser Woche konnte ich von meinem Bruder Abschied nehmen. Ich hatte damals keine Ahnung, was das heißt, sich von einem Verstorbenen zu verabschieden, und wie wichtig dieser Schritt ist.« Michael verabschiedete sich nicht nur von seinem toten Bruder, sondern symbolisch auch von seinen lebenden Eltern und seiner Kindheit. Er verabschiedete sich mündlich, indem er mit einer Symbolfigur sprach, und schriftlich, indem er seinem Bruder einen langen Brief schrieb. Anschließend ging die Gruppe gemeinsam zum Dorffriedhof. »Es war mitten im Winter und wir stapften durch den Schnee. Ich suchte mir eines der Gräber aus, das stellvertretend für alles stand, was ich in meinem Leben bisher verloren hatte. Es war so befreiend, endlich loslassen zu können, und ich weinte sehr.«

16. Erste Lichtstreifen am Horizont

Das erste Jahr der Trauer ist das schwerste, weil die Hinterbliebenen den ersten Jahreszyklus ohne den betrauerten Menschen durchstehen müssen. Geburtstage, Hochzeitstage, Weihnachten und andere Feiertage sind gefühlsbetonte Zeiten, die den Verlust besonders hart spüren lassen. Was Trauernde außerdem bewältigen müssen, ist das anfänglich starke Schwanken zwischen Abschied und Neubeginn, der zuerst unvorstellbar ist, aber zunehmend konkret wird. Zaghaft nimmt man nun erstmals wieder eigene Bedürfnisse wahr, mit allen Widersprüchen und Unsicherheiten. Man lernt neue Menschen kennen und geht vorsichtig neue Bindungen ein, die das Leben bereichern, ohne dabei die Ehre des Verstorbenen anzutasten. Das Leben vor dem Suizid und das Leben danach zu akzeptieren ermöglicht es, den Blick wieder nach vorne zu richten und ohne schlechtes Gewissen den eigenen Bedürfnissen folgen zu können. Die Erinnerung an den Verstorbenen beansprucht nicht mehr die ganze Existenz. Mit der Zeit gelingt es dem Trauernden immer besser, dem Toten einen Platz zuzuweisen, der zwar wichtig ist, aber das eigene Leben nicht mehr vollständig dominiert.

Die Selbstzweifel, welche jeden Trauerprozess begleiten, werden gelindert, wenn sich der Hinterbliebene den eigenen Bedürfnissen nicht verschließt. Trauern heißt nicht, sich für das Unglück zu bestrafen, das einem widerfahren ist. Trauern bedeutet viel mehr, sich selbst die schmerzlichen wie die unbeschwerten Gefühle zuzugestehen und kleine Dinge wieder zu genießen.

Mit zwiespältigen Gefühlen versuchte Susanne, die 51-jährige Biologin, sich nach dem Suizid ihres Mannes ihren Interessen zu widmen. Sie versuchte sich abzulenken, ging in Konzerte, ins Theater und ins Kino, was auch tatsächlich half. Schon vor Roberts Tod war sie am kulturellen Geschehen sehr interessiert. Sie ging oft aus, meist jedoch mit Bekannten, weil ihr Mann am

Abend oft müde war. Das führte zu Streitigkeiten. »Nun aber war er tot und ich dachte, nun kann mir niemand mehr eine Szene machen und sich beschweren, dass ich zu oft ausgehe. Das ist eine Freiheit, die ich mir nach seinem Tod endlich nehmen konnte.« Rückblickend findet Susanne, sie hätte sich gegenüber dem toten Ehemann wie ein trotziges Kind verhalten, hatte ein schlechtes Gewissen und versuchte, sich abzulenken. Diese Ablenkung half ihr aber, vorwärts zu gehen; es war ein erster mutiger Schritt in ein Leben nach dem Suizid.

Sich selbst Abwechslung gönnen, ausgehen, in Urlaub fahren oder die Wohnung neu einrichten stärkt den Lebenswillen und hilft, der Trauer einen Rahmen zu geben. Wenn sich der Trauernde erinnert, was er vor dem Suizid gerne tat und sich auch erlaubt, diese Dinge zu tun, entspannen sich Körper und Seele. Jeder, der eine tiefe Beziehung zu einem anderen Menschen eingeht, passt sich dessen Bedürfnissen ein Stück weit an. Deshalb gibt es immer eigene Anliegen, die durch die Beziehung in den Hintergrund treten, persönliche Interessen, die man vielleicht vernachlässigt. Wenn man sich nun erlaubt, alte Interessen wieder zu entdecken, gewinnt man Selbstvertrauen und Kraft für den weiteren Trauerprozess. Die Geschäftsfrau Caroline weiß, dass sie mit 58 Jahren noch ein gutes Stück Leben vor sich hat, aber es ist für sie nicht einfach, sich sieben Monate nach dem Suizid des langjährigen Partners zurechtzufinden: »Da steht auf der einen Seite meine Erfahrung, wie ich bisher gelebt habe, und auf der anderen Seite eine vage Vorstellung, wie es weitergehen soll. Ich muss einen neuen Lebensinhalt finden.« Caroline lebt nun wieder wie ein Single. Sie muss alleine Kontakt zu anderen Menschen suchen: »Wenn man wie ich 22 Jahre mit einem Menschen zusammengelebt hat, führte man nicht mehr jeden Abend spannende Diskussionen. Nun bin ich wieder alleine und verabrede mich, wenn es mir gut geht, mit ganz unterschiedlichen Leuten und erlebe intensive, anregende Gespräche. Das ist die positive Seite des Alleinseins, aber manchmal wirft es mich wieder um und ich verkrieche mich.«

Viele Trauernde haben ein Bedürfnis nach körperlicher Nähe. Es fühlt sich gut an, in den Arm genommen zu werden oder sich bei einer Massage zu entspannen. Auch Sexualität lässt einen die eigene Vitalität spüren und stärkt das Selbstvertrauen. Vier Monate nach dem Tod seiner Freundin lernte Boris, der Restaurantbesitzer, eine Frau kennen, mit der er sich auf ein Liebesverhältnis einließ. Er hegte zwar keine tiefen Gefühle für diese Frau, aber er erhielt Selbstbestätigung. »Das war ganz wichtig für mich, damals, weil ich nach Patrizias Suizid glaubte, auf der ganzen Linie versagt zu haben und wertlos zu sein – auch als Mann.« Dieses Verhältnis gab ihm Selbstvertrauen und er genoss es, sexuell begehrt zu werden. Er beendete die Beziehung, als ihm klar wurde, dass es noch zu früh war, eine echte Bindung einzugehen.

17. Langzeiteffekte

Sechzehn Jahre nach seinem Tod ist Jan für Katrin nach wie vor in ihrem Leben gegenwärtig. Es vergeht kein Tag, ohne dass sie an ihn denkt. Meist geschieht es in Liebe, aber wenn sie einmal schlecht gelaunt ist, schimpft sie: »Weshalb musstest du mir das antun, du mieser Hund?« Sie sagt, ein Teil von ihr sei mit Jan gestorben, denn er war trotz ihrer Konflikte die größte Liebe ihres Lebens. Katrins zweiter Ehemann, Richard, spürt das und ist manchmal eifersüchtig.

Jan ist der unsichtbare Dritte in Katrins und Richards Ehe und begleitet sie. Er ist ein Teil ihres Lebens geblieben, und Richard als Außenstehender muss mit dieser Situation leben.

Asmus Finzen erklärt den Suizid eines nahe stehenden Angehörigen als ein Ereignis, das von der Gegenwart nicht mehr zu trennen ist: »Es kann nicht Ziel sein, darauf hinzuarbeiten, dass die Hinterbliebenen sich von diesem Ereignis lösen. Das ist nicht möglich. Vielmehr lohnt sich der Versuch, den Suizid des Angehörigen als Teil des eigenen Lebens das sein zu lassen, was er ist.« Am besten gelingt das, wenn man den Verstorbenen in irgendeiner Form in das eigene Leben integriert. Für Katrin ist der Verstorbene ein Gesprächspartner, mit dem sie innere Dialoge führt. Was ihre Arbeit als Grafikerin betrifft, hatte Jan, der in der selben Berufssparte arbeitete, ihr stets erklärt, sie würde es ohne ihn nicht schaffen: »Siehst du, Jan«, sagt sie ihm heute mit einem Lächeln, »ich kann es auch allein.« Nach seinem Tod fand sie ihren eigenen künstlerischen Stil und arbeitet seither sehr erfolgreich. »Das ist vielleicht sogar eine positive Seite seines Suizids, ich wurde stark und selbstständig und konnte mich als Grafikerin behaupten.«

Dass Katrin heute noch regelmäßig Medikamente schluckt, interpretiert sie als eine Folge ihrer Beziehung zu Jan. Während der letzten Monate ihrer Ehe hatte er immer häufiger Anfälle von

Jähzorn, unter denen Katrin sehr litt. Sie begann deshalb, Beruhigungsmittel zu nehmen. »Das Verrückte ist, dass ich die Medikamente nahm, obwohl er sie eigentlich benötigt hätte. Er war es, der Hilfe gebraucht hätte, aber keine annehmen wollte. Bis heute ist es mir nicht gelungen, von diesen Beruhigungsmitteln loszukommen.« Angenehme wie auch unangenehme Erlebnisse halfen Katrin über die Jahre, Jans Tod immer realistischer zu betrachten. Der Rückblick mit zeitlichem Abstand klärte für Katrin die Beziehung. Heute sieht sie die Sonnen- und Schattenseiten ihrer Ehe, unabhängig vom Suizid. Neben ihrer Liebe entdeckte sie Abhängigkeiten, Lebenslügen und unerfüllte Erwartungen. Solche ehrlichen Einsichten brauchen Mut und Zeit. Sie halfen Katrin, sich im Beruf und im Leben zu behaupten, und sie konnte ihre Schuldgefühle und Ängste abbauen. Ihre eigenen Fehler und blinden Flecken versteht sie heute als verzeihliche Irrtümer und nicht mehr als eine untilgbare Schuld. Jan hat einen neuen Platz in Katrins Leben erhalten. Er ist weder Zerstörer noch Heiliger, sondern ist zu dem Mensch geworden, der er zu Lebzeiten war: jähzornig, depressiv, widersprüchlich und sehr wertvoll.

Nicht alle Hinterbliebenen sind in der Lage, in angemessener Zeit mit sich und dem Verstorbenen Frieden zu schließen. Wie verschiedene Studien belegen, leiden Trauernde, die einen Angehörigen durch Suizid verloren haben, oft unter einem traumatischen Zustand, der vergleichbar ist mit der Seelenqual, der Opfer krimineller oder kriegerischer Gewalttaten ausgesetzt sind. »Traumatisch« bedeutet, dass das Ereignis derart intensiv erlebt wird, dass der Betroffene nicht darauf reagieren kann und in der Folge unter dauerhaften gesundheitlichen Störungen zu leiden hat. Hinterbliebene berichten von einem Gefühl körperlicher Taubheit und von der emotionalen Unfähigkeit, sich an wichtige Dinge in Bezug auf den Suizid erinnern zu können. Weitere Reaktionen auf die Konfrontation mit dem Suizid können sein: das Bedürfnis, sich von Bekannten abzusondern; Unvermögen, Anliegen des Umfelds zu verstehen und darauf einzugehen; Interesselosigkeit an Aktivitäten, die zuvor wichtig waren; Schlaflosigkeit; Angst, die Kontrolle über sich zu verlieren; Unfähigkeit, Gefühle in Bezug auf Zärtlichkeit, Intimität und Sexualität zu empfinden oder zu zeigen.

Psychologisch gesehen bedeutet Trauma das Nicht-verarbeiten-Können einer schlimmen Erfahrung, die als Folge wie ein Fremdkörper in der Seele bleibt. Jedes Detail, das den Angehörigen in irgendeiner Form an den Suizid und den Verstorbenen erinnert, kann das Schockerlebnis auch nach Jahren an die Oberfläche spülen und tiefste Trauergefühle auslösen. Bestimmte Daten wie Todestage, Geburtstage, Festtage, Jahreszeiten oder Ferien sind daher von großer Bedeutung für Trauernde. Selbst Personen, die solchen Anlässen vor dem Suizid wenig Bedeutung beimaßen, erleben, wie sie an diesen Tagen zum Teil völlig unerwartet oder trotz Vorwarnung vom Schmerz überrollt werden.

Eine Mutter, deren Tochter sich an einem Herbsttag das Leben nahm, erzählt anlässlich einer Fernsehsendung, dass sie sich vor den Todestagen schrecklich fürchte: »Meine Tochter sagte mir an diesem Tag zum ersten Mal eine Verabredung ab und erklärte, dass der Wald so schön bunt sei und sie dort spazieren gehen möchte.« Die Mutter freute sich, dass ihre Tochter schon so erwachsen geworden war und einen bunten Herbstwald genießen konnte. Das war wenige Stunden, bevor sie erfuhr, dass ihre Tochter nicht mehr lebte. Der Anblick der bunten Wälder stimmt sie seither traurig: »Es gibt Zeiten, in denen die Trauer überhand nimmt, und Zeiten, in denen es etwas einfacher ist, damit umzugehen. Der Todestag gehört zu den schlimmen Zeiten. Obwohl es mir sonst viel besser geht. An solchen Tagen kehren die Trauer und die Sehnsucht auch noch nach acht Jahren zurück.«

Manche Menschen versuchen den Schmerz vollständig zu unterdrücken, sich dagegen zu wehren und alles, was an das Unglück erinnert, aus dem Leben zu streichen. Auch wenn Außenstehende dieses Verhalten nicht nachvollziehen können, so ist auch das Verschweigen der Qualen eine Überlebensstrategie, eine Form, mit einem unerträglichen Maß an Schmerz umzugehen.

Die Eltern des Jungen, der sich mit 15 Jahren auf dem Dachboden erhängte, klammern sich unbeirrbar an die Vorstellung, der Suizid könnte vielleicht doch ein Unfall gewesen sein. Der Schmerz über den Verlust ist so groß, dass sie so tun, als habe ihr Sohn nie gelebt. Sie sprechen nicht über ihn, es gibt keine Fotos von ihm in der Wohnung, keine Andenken, einfach nichts. Einzig der Vater hat in einer Kellerecke eine Schachtel mit persönlichen Gegenständen seines Sohnes aufbewahrt. Die Mutter hingegen verdrängt den Tod ihres Sohnes mit eiserner Konsequenz.

Suizid gilt für die meisten Mitglieder unserer Kultur als etwas, das nicht innerhalb der eigenen Familie passieren kann und darf. Erst die persönliche Konfrontation mit der Problematik, die Auseinandersetzung mit Verlust, Schuld und Trauer und der Austausch mit anderen Hinterbliebenen machen deutlich, dass Suizid überall möglich ist. Die Erfahrung, jemanden durch Selbsttötung verloren zu haben, erschüttert das Selbstverständnis und die Lebenshaltung Angehöriger so grundlegend, dass bestehende Beziehungen zu Mitmenschen und zur Umwelt nicht mehr tragen und allem und jedem nur mit Misstrauen begegnet werden kann. Denn was einmal passiert ist, so die Überlegung, kann jederzeit ein zweites Mal geschehen.

Eine Ärztin und Mutter von vier Kindern verlor ihren ältesten Sohn, als er sich mit knapp 20 Jahren am Tag der letzten Abiturprüfung erhängte. Wie sich später herausstellte, hatte er in allen Fächern gut bestanden. Als er am letzten Prüfungstag ohne Nachricht von zu Hause fern blieb, dachten die Eltern, er würde mit einem Klassenkameraden feiern.

Die Mutter hatte Schwierigkeiten, das Schockerlebnis nicht auf die anderen Kinder zu übertragen. »Die ersten Male, als mein jüngerer Sohn verspätet nach Hause kam, war ich überzeugt, dass auch er sich umgebracht hat.« In Panik mobilisierte sie die Nachbarschaft, ließ ihn suchen und konnte keinen vernünftigen Gedanken fassen. Heute, nach zwölf Jahren, hat sich die Panik gelegt. Aber wenn sich jemand verspätet oder – noch schlimmer – eine Abmachung vergisst, kriecht in ihr immer als erstes die Angst hoch, dass sich das schreckliche Ereignis nochmals wiederholt haben könnte. »Ich habe heute Mittel und Wege gefunden, damit umzugehen, nicht durchzudrehen, aber die Erinnerung bleibt wach.«

Susanne hat gelernt, mit dem Suizid ihres Mannes zu leben. Doch ihr Stigma als Witwe eines »Selbstmörders« glaubt sie ihr Leben lang nicht mehr loswerden zu können. Ein neuer Bekannter, dem sie kürzlich vom Tod ihres Mannes erzählte, fragte sie: »Hast du ihn denn nicht glücklich gemacht?« Heute nimmt sie solche Bemerkungen nicht mehr ernst, sie hat sie zu oft gehört. Aber sie ist sich bewusst, dass sie ein Stigma trägt für etwas, das nichts mit ihrer Person zu tun hat. Es sind andere Dinge, welche Susanne hin und wieder in die Trauer zurückwerfen. Städte und Orte zum Beispiel, die sie an ihren Mann erinnern. »Eine Zeit lang musste ich zwanghaft Orte aufsuchen, an denen ich mit ihm zusammen war, um zu sehen, wie ich es ertrage.« Sie ertrug es schlecht, aber sie konnte nicht anders. Schließlich versuchte sie, die Erinnerung zu überdecken, indem sie mit anderen Menschen dorthin ging. Doch gibt es immer wieder unerwartete Momente, wenn sie in der Stadt an einem Restaurant oder einem Platz vorbeikommt und die Erinnerung jäh und schmerzhaft erwacht.

Michael, dessen älterer Bruder sich erschossen hat, sagt, es sei der Zeitfaktor gewesen, der ihm half, den Suizid zu verarbeiten, aber auch die kurze Psychotherapie. Lange konnte er mit niemandem über den Suizid sprechen. Selbst als sein bester Freund nach Jahren von anderen erfuhr, dass Michael seinen Bruder durch Suizid verloren hatte, und ihn darauf ansprach, konnte Michael sich nicht dazu äußern. »Ich hatte die Trauer so tief vergraben, ich konnte lediglich einige Sätze dazu sagen, mehr nicht, es ging einfach nicht.« Was ihm anstelle von Gesprächen gut getan hätte, wären Menschen gewesen, die ihn wortlos in den Arm genommen und ihn festgehalten hätten: »Das bekam ich nicht, und wenn ich rückblickend überlege, vermisste ich das sehr.«

Als er im Interview für dieses Buch erstmals seit langem wieder über den Suizid sprach, wurde er sehr traurig und weinte. Er wollte das Interview aber unbedingt geben, weil er anderen Betroffenen Mut machen möchte. Er schämt sich nicht, dass seine Gedanken nach 15 Jahren noch immer um den toten Bruder kreisen und die schmerzlichen Gefühle jederzeit aufbrechen können. Es ist traurige Realität, dass sein einziger Bruder sich mit 21 Jahren das Leben genommen hat, und er hat allen Grund, ihn mit seinen Gefühlen auch heute noch zu würdigen.

Susanne, die heute 53 Jahre alt ist, will nicht für den Rest ihres Lebens alleine bleiben. Sie hätte gerne einen Partner, mit dem sie sich austauschen kann. »Es wird niemals einen vollwertigen Ersatz für Robert geben, aber ich wäre gerne mit einem Mann zusammen, der mich auf meinen Reisen begleitet und mir Geborgenheit vermittelt.«

Als Susanne 50 wurde, fragte sie eine Freundin, was sie sich zum Geburtstag wünsche. »Einen Mann!«, antwortete Susanne, und die Freundin schenkte ihr ein Kontaktinserat. »Ich traf mehrere Männer, die auf das Inserat antworteten, aber es kam nichts dabei heraus. Einer von ihnen hängte sich an mich, bis ich merkte, dass er weniger an mir als an meinem Wagen interessiert war.« Susanne weiß, es liegt nicht allein an den Männern, dass sie keinen Partner findet. Sie hat Angst, verletzt zu werden. Etwas hindert sie daran, sich auf eine neue Beziehung einzulassen. »Ich suche zwar, aber nicht intensiv genug. Ich weiß ganz genau: In einer Partnerschaft muss man Abstriche machen. Ich würde mich gerne wieder Hals über Kopf verlieben, aber der Verstand spielt mir einen Streich, er hält mich zurück. Ich leide nicht darunter, dass ich alleine bin. Ich bin selbstständig und kann tun und lassen, was ich will. Mir gefällt mein Leben – und trotzdem fehlt mir ein Mann.«

Teil 4: Licht am Horizont

18. Kultur und Trauer

Die Fähigkeit zu trauern ist dem Menschen angeboren. Trauer ist eine natürliche Reaktion auf Verlust. Das Leben beginnt mit der Trauer des Neugeborenen, das mit Protest auf den Verlust der schützenden Gebärmutter reagiert. Unser ganzes Leben ist begleitet von Abschied, Trennung und Verlust. Es gehört zum Kreislauf der Natur, dass sowohl die Geburt wie auch der Tod von Trauer begleitet sind.

Der Schmerz der Trauer ist universal, aber wie ein Mensch seine Trauer ausdrückt, ist geprägt von der Kultur, in der er lebt. Das Verständnis von Trauer und die Vorstellung über den Tod widerspiegelt das Denken einer Gesellschaft. Es gibt Gesellschaften, die setzen ihren Verstorbenen Denkmäler und pflegen ihre Todesstätte oder verehren sie mit einem Ahnenkult, während andere ihre Toten als anatomische Studienobjekte betrachten oder zur Wiederverwendung von Organen benutzen. Wer über Trauer spricht und sie verstehen will, kann dies nur, wenn er den kulturellen Rahmen, in der sie stattfindet, berücksichtigt.

Die Trauerrituale vieler Völker unterscheiden sich von denen unserer Kultur hauptsächlich durch drei Merkmale: 1. Die Gesellschaft trauert gemeinsam um das verlorene Mitglied. 2. Die Trauerzeit dauert offiziell länger als bei uns (oft ein ganzes Jahr). 3. So genannte »unnatürliche« Todesfälle werden mit dem Einfluss böser Geister erklärt. Mit rituellen Handlungen wird die Gefahr gebannt, die von diesen Geistern ausgeht.

Beim Tod eines Menschen muss sich die Gesellschaft mit der Tatsache auseinander setzen, dass der Verstorbene nicht nur ein Individuum war, sondern auch ein soziales Wesen mit Beziehungen, Pflichten und Rechten. Deshalb bedroht ein Todesfall die ganze Gemeinschaft, und sie braucht Zeit, um sich der neuen Situation anzupassen und den Verlust zu verarbeiten.

Während der ersten Monate nach dem Todesfall befolgen die

Mitglieder bestimmte Verhaltensvorschriften. Schmerz, Klagen, Aggressionen, aber auch Neuorientierung werden durch streng festgelegte Rituale zum Ausdruck gebracht, die meist sehr viel länger dauern als die Rituale unserer Kultur. Wesentlich bei dieser Trauerform ist, dass sowohl der Verstorbene wie Angehörige, aber auch die nicht direkt Betroffenen gleichwertig an den Ritualen teilnehmen. Das ist notwendig, weil sich der Verstorbene kurz nach dem Tod in einer kritischen Übergangsphase befindet. Er muss vom Status eines lebenden Menschen in den Status eines Ahnen wechseln.

Kritisch ist diese Phase, weil sich der Verstorbene während dieser Zeit unkontrolliert in einem Zwischenreich befindet, in dem die Bindung zu den Hinterbliebenen noch stark ist und der Tote wie auch seine Angehörigen von übernatürlichen Gefahren bedroht sind. Die Trauernden werden deshalb von der Gemeinschaft getrennt, von ihren Alltagspflichten entbunden und mit äußeren Merkmalen gekennzeichnet. Diese Trennung vom Alltagsleben soll den Trauernden ermöglichen, die zur Verarbeitung des Verlustes nötige innere Ruhe zu finden. Die Trauer ist nicht privat, sondern wird öffentlich dargestellt, ähnlich der schwarzen Kleidung, die früher in unserer Kultur als Zeichen der Trauer getragen wurde. In Gesellschaften, in denen die Trauerarbeit kulturell eingefordert wird, werden die Hinterbliebenen nach Beendigung der offiziellen Trauerzeit auch wieder in die Gemeinschaft integriert. So beenden beispielsweise rituelle Waschungen, Rasuren oder das Verbrennen der Trauerkleider den Sonderstatus der Angehörigen. Die Trauer findet ihren Abschluss mit dem Feiern eines weltlichen Festes. Auffallend bei traditionellen Gesellschaften sind Raum und Zeit, die sie der Trauer einräumen. Angesichts der verschiedenen Möglichkeiten zu trauern, stellt sich die Frage, ob anhand der vorhandenen Trauerrituale grundsätzliche Aussagen über eine Kultur möglich sind. Möglicherweise sind etwaige Schwierigkeiten mit der Verlustverarbeitung sinnbildlich für eine moderne, sich schnell wandelnde Lebensform.

Philippe Aries untersuchte in den 1970er-Jahren detailliert die Geschichte des Todes in westlichen Gesellschaften. Er gelangte zu der Einsicht, dass sich die Einstellung zum Tod entsprechend den jeweiligen herrschenden ideologischen Strukturen verändert. Aries beschreibt den Wandel vom *gezähmten Tod* der Mythen, der die Helden erwartet, hin zum *eigenen Tod* des Hochmittelalters. Beim *eigenen Tod* regelt der Sterbende seine Hinterlassenschaft, begleicht offene Rechnungen und nimmt zu guter Letzt Abschied von seinen Angehörigen. Das 18. Jahrhundert fokussiert mit dem *Tod des anderen* nicht mehr den Tod des Sterbenden selbst, sondern den Trauerprozess der Hinterbliebenen. Die zeitgenössische Haltung dem Tod gegenüber bezeichnet Aries als *verboten,* weil er sich fast ausschließlich in den Händen der Wissenschaft und ihren Spezialisten befindet. Deshalb richtet sich die aktuelle Trauerliteratur meist nicht an Laien und Betroffene, sondern an Fachleute, die durch ihre Professionalität die Ausgrenzung des Sterbens und des Todes in unserer Gesellschaft fördern. Verglichen mit Gesellschaften, in denen alle Individuen festgelegte Funktionen bei einem Todesfall übernehmen müssen, kann man bei uns überspitzt von einer seelsorgerischen »Alibifunktion« der Fachleute sprechen, die eine Aufgabe übernehmen, welche die Angehörigen wohlverstanden auch gerne delegieren.

Die gängige Trauerliteratur widmet sich hauptsächlich dem Tod anderer Menschen sowie dem Abschiednehmen der Lebenden von den Verstorbenen und klammert das heikle Thema der eigenen Sterblichkeit aus. Das Ausgrenzen von Tod und Leid aus unserem Alltag zeigt sich beispielsweise im Umgang mit alten Menschen, die den Lebensabend zunehmend in Heimen und den Tod im Spital erleben. Ein weiteres Merkmal dieser Haltung ist die vorbehaltlose Interpretation von Todessehnsucht als Krankheit.

Ärzte bekämpften die »Krankheit zum Tode« mit einer Vehemenz, die alle Mittel zu heiligen schien. Dass der »Kampf« gegen den Suizid in unserer Gesellschaft ausgerechnet von Psychiatern, der Berufsgattung mit der höchsten Suizidrate, am aktivsten geführt wird, reflektiert das gesellschaftliche Problem auf der Ebene des Verhältnisses zwischen Arzt und potenziellem Suizidenten. Während der Patient über sein Leben und seinen Tod selbst bestimmen will, strebt der Arzt die Kontrolle über das Leben des Patienten an, indem er vorgibt helfen zu wollen, und entgeht damit der Hinterfragung von Sinn und Unsinn des eigenen Lebens bzw. des eigenen Todes.

Mag sein, dass sich bei der Mehrzahl der Suizide eine Depression diagnostizieren lässt. Die Grenze zwischen einer gesunden und einer kranken Psyche ist jedoch fließend, und die Beurteilung geistiger Gesundheit obliegt psychiatrischen Gremien. Je nach Verständnis und Blickwinkel Betroffener kann diese Grenze als willkürlich empfunden werden. Es ist durchaus denkbar, dass die Entscheidung zum Suizid eine freie und würdevolle Entscheidung zum Tod sein kann. Jean Améry hat sich mit dieser nihilistischen Sicht der Suizidproblematik befasst. In seinem biografischen Essay »Hand an sich legen. Diskurs über den Freitod« postuliert er den Suizid als freie Willensentscheidung des Menschen. Einen Suizidversuch will er nicht als Hilfeschrei, sondern als Botschaft verstanden haben. »Wer abspringt, ist nicht notwendigerweise dem Wahnsinn verfallen, ist nicht einmal unter allen Umständen ›gestört‹ oder ›verstört‹. Der Hang zum Freitod ist keine Krankheit, von der man geheilt werden muss wie von den Masern … Der Freitod ist ein Privileg des Humanen.« Améry kritisiert die Haltung von Ärzten, die ohne grundlegende Auseinandersetzung mit existenziellen Fragen im geschlossenen Rahmen einer psychiatrischen Klinik Suizidgefährdete mit Psychopharmaka »therapieren«.

Das Erhalten des Lebens stets als den einzig richtigen Weg zu erachten, ohne dabei die Lebensqualität zu hinterfragen, kommt einem logischen Irrtum gleich. Nicht jeder, der sein Leben vorzeitig beendet, ist psychisch krank, vielleicht ist er nur besonders empfindsam. Améry, der sich zwei Jahre nach Erscheinen seines Essays das Leben nahm, kämpfte verzweifelt um die Anerkennung: Dem Suizid als letzter Wille gebührt Respekt, ungeachtet der Umstände.

Jede Kultur unterscheidet zwischen dem »guten« und dem »bösen«, d.h. dem natürlichen und dem unnatürlichen Tod. So genannte primitive Völker fürchten die Aura, die den Leichnam eines Suizidenten umgibt, und versuchen sie zu neutralisieren. Die Vorstellung, dass sich ein Geist des Menschen bemächtigt und ihn zur Selbsttötung drängt, lässt die Frage nach der Verantwortung von Angehörigen in Bezug auf den Tod erst gar nicht aufkommen. Wir dagegen glauben, dass das Leben gottgegeben ist, und verurteilen Menschen, die sich das Leben selbst nehmen. Bei dieser Argumentation wird nicht berücksichtigt, dass es vielleicht der gleiche Gott ist, der einem Menschen auch die Kraft gibt, seine unerträgliche Existenz auf dieser Welt zu beenden.

Diese Weigerung, Selbsttötung zu relativieren, hat denn auch einen egoistischen und sozialen Hintergrund. »Der Freitod«, wie Améry den Suizid nennt, ist eine zweifache Provokation: ein Akt wider die Natur, die sinngebendes Leben schenkt. Das Leben als höchstes Gut entpuppt sich als Dogma. Andererseits leistet das soziale Verantwortungsgefühl Widerstand gegen Selbsttötung. Das Scheitern von Mitmenschen erinnert uns an die eigene Unzulänglichkeit, weil der Notschrei nicht früh genug vernommen wurde. Hier mag die Depression oder eine andere Krankheit als Begründung des Suizids helfen, uns von der schmerzenden Frage nach der Verantwortung zu distanzieren. Aber es gibt auch gesunde Menschen, denen das Leben zu viel wird. Wie viele Zwänge in unserer Gesellschaft sind lebensfeindlich, zerstörerisch, ungerecht, freudlos, krankmachend? Auf diese Tatsache können gerade junge Menschen mit schonungsloser Kompromisslosigkeit reagieren. Sie verdienen unsere Aufmerksamkeit und unseren Respekt. Helga Ide schreibt angesichts des Suizids ihres Kindes: »Wie oft habe ich mich in den 18 Jahren seines Lebens hinter diesen Sohn gestellt. So habe ich es bis heute gehalten. Natürlich hat es mir Abwehr, Ärger, Kritik eingebracht. Aber das ist mir mein Sohn wert. (…) Dies ist das einzige, was ich für ihn tun kann: mich mit seinem Tod solidarisieren. Mich hinter ihn stellen. Mich nicht schämen seinetwegen.«

Unser unerschütterlicher Glaube an den technischen Fortschritt und das Prinzip Leistung degradieren Leiden zu einem unproduktiven und deshalb unnützen Lebensabschnitt. Trauer wird daher nicht nur verdrängt, weil wir immer weniger bereit sind, Unglück wie Glück als ein dem Leben eigenes, wiederkehrendes Element zu akzeptieren. Wir fühlen uns auch gezwungen, effizientes Funktionieren selbst während dieses Ausnahmezustands aufrechtzuerhalten.

Der Zerfall von Werten und der Wandel politischer wie religiöser Grundhaltungen lassen uns kaum Zeit, neue, zeitgemäße Maßstäbe zu hinterfragen, denn die Utopie von heute ist morgen durch eine andere ersetzt. Die Auseinandersetzung mit unserer Sterblichkeit, die in der vorindustriellen Zeit nicht nur unter Theologen und Philosophen stattfand, sondern auch innerhalb der Familie große Bedeutung hatte, schieben wir heute konsequent beiseite und akzeptieren sie höchstens im Alter, wenn jemand »nach reich erfülltem Leben in seinem 95. Lebensjahr friedlich entschlafen ist«. Die bis im letzten Jahrhundert allgegenwärtige religiöse Vorstellung eines Jüngsten Tages, des Sensenmannes auf der Uhr ist antiquiert, ohne Zweifel. Doch unser Problem ist heute, dass diese Vorstellungen ersatzlos gestrichen worden sind. Wir haben kein Bild mehr vom Tod und haben damit auch den Bezug zu ihm verloren.

Trotz dieser Ausgrenzung des Todes entwickelte sich in den letzten zwanzig Jahren ein breites therapeutisches Angebot zur Bewältigung von Trauer und Verlust. Die trauertherapeutischen Ansätze konzentrieren sich aber meist auf die Bewältigung des Verlustes einer Einzelperson. Die Dynamik innerhalb der Trauerfamilie wird dabei kaum berücksichtigt, obwohl sie die Verarbeitung stark beeinflusst. Trauern ist bei uns eine private Angelegenheit, sogar innerhalb der Familie. Dabei sind Erwachsene wie auch Kinder gleichermaßen von der Tatsache betroffen, dass unser Leben eines Tages enden wird, und es ist entscheidend, dass Kinder in diese Erfahrung mit einbezogen werden. Es ist *auch* unsere Entscheidung, ob wir solche Angebote annehmen wollen und inwieweit wir bereit sind, uns mit dem Thema Abschied und Tod innerhalb der Familie und des Freundeskreises auseinander zu setzen. Es bietet sich die große Chance, die häufig delegierte Verantwortung zurückzugewinnen, wenn wir gemeinsam mit dem Partner, den Kindern und Freunden über die Trauer sprechen. Unser größtes Problem beim Trauern ist das Schweigen und die damit verbundene Einsamkeit. Es kann keine befriedigende Lösung sein, nach einer einmaligen, isolierten Verarbeitung des Verlustes zu suchen, auch wenn sie therapeutisch begleitet ist. Wir alle leben in einer Gemeinschaft, in einem Netz von Beziehungen, in dem Begegnungen stattfinden, die uns aber auch mit Verlust konfrontieren. Es ist entscheidend, sich während der persönlichen Trauer immer wieder vor Augen zu führen, dass nicht nur die Mutter, sondern auch der Vater um das verstorbene Kind trauert, ebenso Geschwister und Freunde der Verlust schmerzt. Offene Gespräche sind notwendig und klärend, damit Angehörige die unterschiedlichen Formen der Trauer anerkennen und tolerieren können. Jeder Betroffene ist verzweifelt und hilfsbedürftig. Auch wenn sie überfordert sind und sich nicht gegenseitig stützen können: Toleranz verhindert bei unterschiedlichen Trauerprozessen zusätzlich belastende Vorwürfe und Frustrationen.

19. Trauer als Chance

Keiner wird gefragt
wann es ihm recht ist
Abschied zu nehmen
von Menschen
Gewohnheiten
sich selbst
Irgendwann
plötzlich
heißt es
damit umgehen
ihn aushalten
annehmen
diesen Abschied
diesen Schmerz des Sterbens
dieses Zusammenbrechen
um neu aufzubrechen
Margot Bickel

Trauer ist die notwendige Zeitspanne, während der wir zu akzeptieren lernen, dass eine wichtige Bezugsperson endgültig verloren ist. Es ist eine große Hürde, diese Realität anzuerkennen, und Trauernde sträuben sich zuerst dagegen. Anfänglich mit Widerstand zu reagieren, ist völlig normal. Diese Phase kann unterschiedlich lange dauern. Jeder Trauernde wählt unbewusst seine ganz persönliche Strategie, die verhindert, dass er an der plötzlichen Leere zerbricht. Der Tod eines geliebten Menschen erschüttert zutiefst und stellt in Frage, was als gesichert galt. Das entstandene Vakuum zwingt dazu, die Verhältnisse zu klären und sich zu verändern. Dabei wird deutlich, wie Kast schreibt, »in welchem Maß wir uns aus unseren Beziehungen zu anderen

Menschen und Dingen verstehen und erfahren, in welchem Maß der Tod einer solchen Beziehung uns aufbricht und eine Neuorientierung verlangt«. Das bedeutet jedoch nicht, dass der Verstorbene durch den Trauerprozess in Vergessenheit gerät. Vielmehr bauen die Angehörigen zunehmend eine innere Distanz zum Toten auf, was die Anerkennung des Verlustes erst ermöglicht. Sie verstehen nun, dass der Verstorbene eine wichtige Erfahrung der Vergangenheit darstellt, die aus der Gegenwart nicht mehr wegzudenken ist. Wenn der Zurückgebliebene die Bereicherung, die er durch den Verstorbenen gewonnen hat, in seine innere Welt aufnimmt, kann der leibliche Verlust gemildert und die Eigenständigkeit wieder gestärkt werden. Für Susanne ist es heute unwichtig, auf welche Weise ihr Ehemann gestorben ist. Was für sie zählt, ist die Tatsache, dass sie ihn verloren, aber sich selbst behalten hat: »Dieses Schicksal habe ich nicht selbst gewählt, aber ich kann es gestalten.«

Durch den Tod eines nahe stehenden Menschen verlieren die Hinterbliebenen nicht nur Vertrautheit und Nähe, sondern können auch Neues gewinnen. Trauer kann als Chance verstanden werden, sich selbst neu kennen zu lernen. Wut, Scham, Schuld und Verzweiflung gehen auch nach einem Suizid vorüber. Zu erleben, dass Trauern ein Prozess ist, der in Phasen stattfindet und viel Zeit beansprucht, macht es leichter, auch depressive Stimmungen zu akzeptieren. Wer die Trauer durchsteht, den macht sie stark. Kast erklärt diesen Widerspruch: »An der Emotion der Trauer, so paradox es klingt, können wir ›gesunden‹, denn sie bewirkt Wandlung.« Wenn man diesen Gedanken weiterführt, erkennt man: Der Verlust ist eine Herausforderung, sich selbst zu verwirklichen.

Wer in seiner Trauer so weit fortgeschritten ist, dass er den Suizid nicht allein als schreckliches Ereignis wahrnimmt, sondern auch die Aspekte erkennen kann, die das eigene Leben bereichern, der hat gewonnen. Drohte der Suizid anfangs das eigene Leben zu zerstören, entdecken Hinterbliebene Jahre später, dass sie sensibler, verständnisvoller und weniger ängstlich sind, als sie es vor der Tat zu sein glaubten. Zwar werden Angehörige, solange sie leben, über den Verlust des geliebten Menschen weinen. Sie waren sich so sicher, dass sie zusammen mit dem Partner den Lebensabend verbringen werden oder dass das eigene Kind sie überleben wird. Die gemeinsamen Pläne mit dem Bruder, der Schwester, dem Vater, der Mutter oder dem besten Freund wurden von einem Tag auf den anderen vernichtet. Die Hinterbliebenen hätten dem Verstorbenen einen friedlichen Tod gewünscht, aber nun wissen sie, dass man einen Menschen, auch wenn man ihn noch so liebt, nicht davon abhalten kann, das zu tun, was er für richtig hält. Deshalb mussten sie, allein gelassen, für sich entscheiden, von Neuem zu leben und zu lachen und die Freiheit zu genießen, am Leben zu sein. »Der Schmerz ist für die Toten, die Freude für die Lebenden«, sagt ein Angehöriger. Diese Haltung hilft ihm, das Leben wieder selbst zu gestalten und den Suizid nicht mehr vor sein Wohlergehen zu stellen.

Katrin, Judith, Caroline, Petra, Boris, Susanne, Elisabeth, Michael und viele andere haben in diesem Buch ihre persönlichen Erinnerungen und Gefühle preisgegeben, um anderen Angehörigen Mut zu machen, ihren Schmerz zu lindern und ihnen zu zeigen, dass sie mit ihrem Schicksal nicht alleine dastehen. Und sie haben bewiesen, dass es möglich ist, nach einem Suizid nicht nur weiter zu existieren, sondern ein erfülltes Leben zu führen. Diese Frauen und Männer haben gesiegt, leise und bewundernswert, trotz bitterer Tränen und überwältigendem Schmerz. Dem Suizid zum Trotz haben sie einen Neuanfang gewagt und nicht kapituliert. Sie haben ihre Selbstsicherheit zurückgewonnen und ihr Recht auf ein friedliches Leben zurückgefordert. Sie sind Heldinnen und Helden, mutig, tapfer und äußerst feinfühlig anderen Menschen gegenüber, die ein schweres Schicksal tragen müssen.

Auf ihrem Weg der Trauer haben diese Angehörigen Erkenntnisse gewonnen, die entscheidend waren für den Verlauf ihrer Trauer. Ihnen liegt viel daran, diese Erkenntnisse anderen Trauernden nach einem Suizid zu vermitteln. Sie lauten zusammengefasst:

- Jeder Trauerprozess verläuft individuell. Kein Hinterbliebener darf sich in ein Schema pressen lassen, nur weil Außenstehende mit der Trauer überfordert sind. Er sollte sich die Zeit geben, die er benötigt und die Dinge tun, die er für sich als angemessen betrachtet. Nur auf diese Weise kann er sich schützen und verhindern, dass seine Trauerzeit durch äußere Faktoren zusätzlich belastet wird.
- Obwohl es zu Beginn der Trauer unvorstellbar ist, dass der Schmerz jemals nachlassen wird, gibt es ein Licht am Ende des Tunnels. Der Weg zu diesem Licht ist die Zeit, während der es zu unverhofften Begegnungen und Erlebnissen kommt, die den Schmerz lindern und ein Vorwärtsgehen ermöglichen.
- Der Suizid raubte dem Trauernden die Hoffnung, einen Menschen durch Liebe am Leben zu erhalten. Gleichzeitig wird es möglich, die tiefe Wahrheit über den Tod zu verstehen: Er ist sehr, sehr einsam.
- Ein Mensch, der sich das Leben nimmt, tut es nur für sich, und die Tat richtete sich nicht gegen die Angehörigen: Der Verstorbene wollte sterben, weil er das Leben nicht mehr ertragen konnte, und nicht, weil er seinen Angehörigen Schmerzen zufügen wollte.
- Jedem, wirklich jedem Mensch kann das Unglück Suizid zustoßen. Suizid ist nicht etwas, das nur in anderen Familien vorkommt, Suizidstatistiken beweisen diese traurige Tatsache. Der Wunsch zu sterben ist nicht heilbar, und kein Angehöriger kann ihn verschulden. Ärzte und Psychiater sind sich in einem Punkt einig: Nichts und niemand kann einen Menschen davon abhalten, sich das Leben zu nehmen, wenn er diesen Entschluss wirklich gefasst hat. Es ist ein weit verbreiteter Irrtum zu glauben, dass kein Mensch wirklich sterben will.

Trotz der Trauer, die durch das Tabu erschwert wird, verändert der Suizid das Leben der Hinterbliebenen nicht nur negativ, wie die Aussagen der interviewten Hinterbliebenen in diesem Buch beweisen. Sie waren es, die uns erzählten, dass ein Suizid neue

Lebensperspektiven eröffnen und Erkenntnisse vermitteln kann, die das Leben bereichern. Und dass es statthaft ist, sich zu überlegen, welches Schicksal den Verstorbenen noch erwartet hätte und welches Leid ihm durch seinen Entschluss möglicherweise erspart geblieben ist. Diese Vorstellungen sind für einen Trauernden in den ersten Phasen unvorstellbar, und deshalb ist es besonders wichtig, auch die nicht-zerstörerischen Aspekte des Suizids zu erwähnen, auch wenn dieser Einsicht ein langer und beschwerlicher Weg vorausgeht.

Der Verstorbene hinterlässt seinen Angehörigen zwei grundverschiedene Erbschaften: Erstens die Bürde, dass sein Suizid sie für den Rest ihres Lebens begleiten wird. Das zweite Vermächtnis ist ein Geschenk, dass er seinen Angehörigen für das Leben mitgibt: Jede tiefe Beziehung zu einem Menschen öffnet einem die Augen für Dinge, die das Leben bereichern. Vielleicht war es das besondere Geschick des Ehemannes oder der Partnerin, mit anderen Menschen umzugehen, die einem selbst halfen, leichter Zugang zu Menschen zu finden. Vielleicht war es der Blick des verstorbenen Kindes in die Welt, der einen als Erwachsenem das Staunen lehrte. Vielleicht war es die Literaturbegeisterung der Schwester, die einem selbst den Zugang zur Poesie eröffnete, oder es war die Reiselust des Vaters, die in einem die Begeisterung für andere Länder weckte. Diese Erfahrungen sind eine Bereicherung, denen der Tod nichts anhaben kann.

Bibliografie

Améry, Jean *Hand an sich legen: Diskurs über den Freitod* (1976). Stuttgart: Klett-Cotta 1994

Aries, Philippe *Studien zur Geschichte des Todes.* Stuttgart 1981

Bowlby, John *Verlust, Trauer und Depression.* Frankfurt a. M.: Fischer Taschenbuch Verlag 1983

Bremisch, Thomas *Der Suizid. Ursachen, Warnsignale, Prävention* (1995), München: Beck'sche Reihe Wissen 1996

Burger, Hermann *Tractatus Logico-Suicidalis,* Über die Selbsttötung. Frankfurt: S. Fischer Verlag 1988

Canacakis, Jorgos *Ich begleite dich durch deine Trauer.* Stuttgart: Kreuz Verlag 1990

Doka, Kenneth J. *Living With Grief After Suaden Loss.* Taylor & Francis, HFA 1996

Durkheim, Emile *Der Selbstmord* (1897). Frankfurt a. Main: Suhrkamp 1995

Dworkin, Ronald *Die Grenzen des Lebens, Abtreibung, Euthanasie und persönliche Freiheit.* Reinbek: Rowohlt 1994

Egeland, J.A./ Hostetter, A.M. *Amish Study I: Affective disorders among the amish.* American Psychiatry 140, 56–61, 1983

Esquirol, Jean E. *Von den Geisteskrankheiten* (1839), Bern, Stuttgart: Hans Huber 1968

Fine, Carla *No Time To Say Goodbye.* New York: Bantam 1997

Finzen, Asmus *Suizidprophylaxe bei psychischen Störungen.* Bonn: Psychiatrie-Verlag 1997

Freud, Sigmund *Trauer und Melancholie. Psychologie des Unbewussten* (1917). Studienausgabe Band III. Frankfurt: Fischer Verlag 1989

Hell, Daniel *Welchen Sinn macht Depression? Ein integrativer Ansatz.* Reinbek: Rowohlt 1992

Ide, Helga *Wenn Kinder sich das Leben nehmen. Trauer, Klage und die Zeit danach.* Stuttgart: Kreuz Verlag 1992

Kast, Verena *Trauern. Phasen und Chancen des psychischen Prozesses.* Stuttgart: Kreuz Verlag 1982

Kuitert, Harry M. *Das falsche Urteil über den Suizid.* Stuttgart: Kreuz Verlag 1986

Lambrecht, Roland *Melancholie. Vom Leiden an der Welt und den Schmerzen der Reflexion.* Reinbek: Rowohlts Enzyklopädie 1994

Paul, Chris *Warum hast du uns das angetan?* Gütersloh: Gütersloher Verlagshaus 1998

Sontag, Susan *Krankheit als Metapher.* Frankfurt a. M.: Fischer Taschenbuch Verlag 1981

Adressen Kontaktstellen für Hinterbliebene

Deutschland		Telefon und/oder E-Mail	Internet
Telefonseelsorge	kostenlose Telefonverbindung bundesweit	0800 - 111 01 11 oder 0800 - 111 02 22	www.telefonseelsorge.de
Kinder- und Jugendtelefon		0800 - 111 03 33	www.kinderundjugendtelefon.de
Nakos Wilmersdorferstrasse 39 10627 Berlin	Kontakt- und Informationsstelle für Selbsthilfegruppen (mit Selbsthilfedatenbank)	selbsthilfe@nakos.de	www.nakos.de
Agus e.V. (Deutschland-Geschäftsstelle) Wilhelmsplatz 2 95444 Bayreuth	Angehörigengruppe um Suizid	0921 - 150 03 80 kontakt@agus-selbsthilfe.de	www.agus-selbsthilfe.de
Agus-Augsburg	Selbsthilfegruppe nach Suizid	heinzula@worldonline.de	www.agus-augsburg.de
Agus – Angehörige um Suizid im Selbsthilfe-Zentrum Neukölln-Rixdorf, Berlin		selbsthilfe.rixdorf @berlin.de	www.selbsthilfe-neukoelln.de

Deutschland		**Telefon und/oder E-Mail**	**Internet**
Tabea e.V. – c/o Foyer an der Gedächtniskirche, Breitscheidplatz, 10789 Berlin	Beratungsstelle für Trauernde, begleitete Selbsthilfegruppen und Beratung	030 - 495 57 47 tabea-ev@t-online.de	www.tabea-ev.de
Tabea e.V. Beratungsstelle Rehrweg 6 21335 Lüneburg		0413 - 173 30 77 Info@tabea-ev.de	www.tabea-ev.de
Bundesverband Verwaiste Eltern in Deutschland e.V. Eichenstrasse 14 85232 Bergkirchen- Lauterbach		0813 - 587 06 kontakt@veid.de	www.veid.de
Verwaiste Eltern Bogenstrasse 26 20144 Hamburg		0404 – 500 09 14 info@verwaiste-eltern.de	www.verwaiste-eltern.de
»Leben ohne dich« e.V. Westkapeller Ring 21 45481 Mülheim an der Ruhr		0511 - 848 65 11	www.lebenohnedich.de

Deutschland		**Telefon und/oder E-Mail**	**Internet**
Trauernde besser verstehen nach Suizid	Das Hilfe-Netz, Homepage von Dr. Johannes Thomas, Hamburg		www.rrz.uni-hamburg.de/ joh-th/TnS/netz. htm
Selbsthilfegruppe Trauer nach Suizid Bamberg	Kontaktstellen und Links zu Selbsthilfegruppen in ganz Deutschland	trauer-nach-suizid@web.de	www.trauer-nach-suizid.de
Arbeitsgemeinschaft der Arbeitskreise Leben in Baden-Württemberg, Stuttgart		akl-stuttgart@t-online.de	www. ak-leben.de
AKL Stuttgart e.V. Römerstrasse 32 70180 Stuttgart	Hilfe bei Selbsttötungs- gefahr und Lebenskrisen	0711 - 60 06 20 akl-stuttgart@t-online.de	www. ak-leben.de
Selbsthilfegruppen e.V. Landshut			www. hand-in-hand- ev.landshut.org
Selbst-Hilfe-Gruppe für Suizidhinterbliebene im Allgäu, Durach-Weidach		0831 - 681 15 oder 0170 - 780 62 61 dokaschw@web.de	www. hospiz-kempten.de/ suizid. htm

Schweiz		**Telefon und/oder E-Mail**	**Internet**
Die dargebotene Hand Telefonfürsorge		143	
Schweiz. Stiftung Pro Mente Sana Hardturmstrasse 261 8005 Zürich	Kostenlose telefonische Beratung für psychisch leidende Menschen	0848 - 800 858	
Verein Regenbogen Glärnischstrasse 11 8632 Tann	Für Eltern, die um ein Kind trauern	055 - 241 15 05 ursula.beerli@bluewin.ch	www.verein-regenbogen.ch
Regenbogen Gruppe Suizid Bern: Ruth Mathys Lenzenhohlerstrasse 10 3302 Mosseedorf		031 - 859 08 40	

Schweiz		Telefon und/oder E-Mail	Internet
Regenbogen Gruppe Suizid Zürich: Rosmarie Hofer, Maneggpromenade 114 8041 Zürich und Lucia Rigamonti Schäfligrabenstrasse 3 8304 Wallisellen		044 - 482 81 21 044 - 830 66 59	
Verein Refugium Lindenbühl 3635 Uebesch	Selbsthilfegruppe von Hinterbliebenen, die einen Partner, eine Partnerin durch Suizid verloren haben	0848 – 00 18 88 info@verein-refugium.ch	www.verein-refugium.ch
Stiftung Kosch Laufenstr. 12 4053 Basel	Koordination und Förderung von Selbsthilfegruppen in der deutschen Schweiz	061 – 333 86 01 gs@kosch.ch	www.kosch.ch
Stiftung Begleitung in Leid und Trauer Zielstrasse 5 8400 Winterthur	Koordination mit anderen Fachstellen Ausbildung von freiwilligen HelferInnen	052 - 269 02 14 stiftung@leidundtrauer.ch	www.leidundtrauer.ch

Schweiz		Telefon und/oder E-Mail	Internet
Dakri Peter W. Ochsner-Bolt Chamstrasse 5 8934 Knonau	Begleitung in Schmerz und Trauer	044 - 767 03 44 peter.ochsner@ trauerseminare.ch	
Psychiatrische Klinik Dr. Konrad Michel Murtenstrasse 21 3010 Bern	Schweizerische Gesellschaft für Krisenintervention und Suizidprophylaxe	031 - 632 88 11	
Kantonsspital Basel Petersgraben 4 4056 Basel	Kriseninterventions-station 24 Std. geöffnet	Tel: 061 265 25 25	
Sorgentelefon für Kinder		0800 55 42 10	www.sorgentelefon.ch
Kinder- und Jugendtelefon		147	www.147.ch
Suizidprävention und Trauerverarbeitung in der Schule			www.jehli.ch/suizid
Nebelmeer Postfach 1659 8031 Zürich	Selbsthilfegruppe für Jugendliche und Erwachsene, die einen Elternteil durch Suizid verloren haben	044 - 271 88 11 box@nebelmeer.net	www.nebelmeer.net

Österreich		Telefon und/oder E-Mail	Internet
Telefonseelsorge in ganz Österreich, ohne Vorwahl, kostenlos		142	
Kinder- und Jugendtelefon		147	
Arbeitsgemeinschaft Selbsthilfe Österreich Kempfstrasse 23/3 9021 Klagenfurt	Koordinationsstelle und Dachverband	0463 - 50 48 71 DW 25 maier.selbsthilfe.kaernten @aon. at	www.selbsthilfe-oesterreich. at
	Internetseelsorge/ Online-Beratung		www.kummernetz. at
Angeleitete Selbsthilfe-gruppe in Innsbruck Mag. Regina Seibl		gina_seibl@hotmail.com	
Club Antenne Mossmahdstrasse 4 6850 Dornbirn		0557 - 22 63 74 club-antenne@utanet. at	www.selbsthilfe-vorarlberg. at/ links/links. htm

Haftungshinweis: Trotz sorgfältiger inhaltlicher Kontrolle übernehmen die Autorinnen keine Haftung für die Inhalte externer Links. Für Gestaltung und Inhalt der verlinkten Seiten sind ausschließlich deren Betreiber verantwortlich. (Mit Urteil vom 12. 5. 1998 hat der LG Hamburg entschieden, dass man durch die Ausbringung eines Links die Inhalte der verbundenen Seite ggf. mit zu verantworten hat. Dies kann, so das LG, nur dadurch verhindert werden, dass man sich ausdrücklich von diesen Inhalten distanziert.)

Internet

Der Psychotherapeut Dr. W. Dorrmann von der Universität Bamberg hat Internet-Adressen zum Thema Suizid zusammengestellt. Neben Hinweisen auf Zeitschriften und Forschungsberichte finden sich dort auch Adressen von Hilfsorganisationen und Selbsthilfegruppen u. a. m.:
http://www.members.aol.com/suicidepsy/suiz-lnk.html

Quellennachweis

Das Gedicht auf S. 144 wurde entnommen aus: Margot Bickel, Pflücke den Tag. Herder Verlag Freiburg, 36. Auflage 1998. Abdruck mit freundlicher Genehmigung des Verlages.

Trotz intensiver Bemühungen war es dem Verlag leider nicht in allen Fällen möglich, den jeweiligen Rechtsinhaber ausfindig zu machen: Für Hinweise sind wir dankbar. Rechtsansprüche bleiben gewahrt.

Bibliografische Information der Deutschen Bibliothek
Die Deutsche Bibliothek verzeichnet diese Publikation in der Deutschen Nationalbibliografie; detaillierte bibliografische Daten sind im Internet über http://dnb.ddb.de abrufbar

Kreuz Verlag, Stuttgart
in der Verlagsgruppe Dornier GmbH
Postfach 80 06 69, 70506 Stuttgart

www.kreuzverlag.de
www.verlagsgruppe-dornier.de

Umschlaggestaltung: Bergmoser + Höller Agentur, Aachen
Umschlagbild: Helmut Schulze, Dresden
Satz: de·te·pe, Aalen
Druck: Clausen & Bosse, Leck

ISBN 3-7831-2693-2
ISBN 978-3-7831-2693-8